밤기차와 연꽃

밤기차와 연꽃

김선화 작품집

서문

구르는 것에 대한 찬사

어디로든 구를 준비를 한다.
멈추어 있지 않고 나아간다.
그곳이 종래에는
그 누구도 거부할 수 없는
귀착지가 될지라도

지금 이 순간
존재의 가치로서
구르고 구르며
생의 음률을 만들어낸다.

이 둥그런 것에는
쫑긋한 귀가 달렸고
벌름거리는 콧구멍이 뚫렸으며
밝은 눈도 붙어 있다.

무엇보다
붉은 심장이 펄떡거려
구르면서 생각하고,
사유의 바람을 일으키며,
그 바람에 신명이 나서
생성의 힘을 얻는다.

그 길에
문학이 정답게 어깨를 겯는다.
그래서 땀도 눈물도
보송보송 볕을 쬔다.

                2024. 7. 의왕 모락산을 바라보며

                          김선화

차례

서문 ··· 4
구르는 것에 대한 찬사

1장 열일곱 살의 개척자

사륜정(四輪亭) ··· 15
떡보살 ··· 20
열일곱 살의 개척자 ··· 25
두고 온 그리움은 땅이름을 낳는다 ··· 30
산마을에 눈은 내리는데 ··· 33
목단에 서린 숨결 ··· 39
비단길 ··· 44
수필 판타지 ··· 49
어머니, 그 내밀한 성소(聖所) ··· 54
네 개의 기타가 있는 방 ··· 57
무의도(舞衣島) 실미해변에 문향(文香)을 실어 ··· 60

2장 내 어이 너의 푸른 몸을 보았더뇨

밤기차와 연꽃 ... 69
내 어이 너의 푸른 몸을 보았더뇨 ... 72
봄날, 사랑을 말해볼까 ... 74
샛문 ... 77
꽃길 ... 81
시는 무드(mood)야 ... 85
뭉클하다 ... 89
묵시(默示)의 계(戒) ... 94
의식의 전환 ... 98
젊은 날의 문학노트 ... 103

3장 웃어 봐요

환원(還元) … 111
쥐도 새도 모르는 서사(敍事) … 115
웃어 봐요 … 120
목신(木神) … 125
막차 … 130
꽃봉 하나에 웃다 … 135
계룡(鷄龍)의 숨결 … 139
인삼꽃 … 144
귀환 … 149

4장 대상과의 교감, 혹은 역발상

    윤모촌 선생의 「오음실 주인」 … 155

    그는 누구일까, 그에게 '나'는 누구였을까 … 161
    ―윤모촌 선생의 「떠날 줄 모르는 여인」

    지성적 훈계(訓戒) … 165
    ―원종성 선생의 「조물주의 착오(錯誤)」를 읽고

    아릿한 역사의 편린 … 170
    ―원종린 선생의 「떠나던 날」

    담배 한 개비에 묻어나는 인생담론 … 175
    ―이문구 선생의 『관촌수필』

    김수봉 선생의 「그날의 기적소리」 … 182

    정명환 선생의 「내심의 비밀」 중심으로 … 189

    대상과의 교감, 혹은 역발상 … 194
    ―정태헌 수필가의 「속살 엿보기」

    언어의 경제적 곡선을 타고 노는 연금술사 … 201
    ―정태헌 에세이집 『목마른 계절』의 「여울물 소리」

5장 글과 사람의 조우

낭만의 결이 깃든 작가 … 207
―남사 정봉구(鄭鳳九) 선생

시조시인 이영도에 관한 객관적 해석 … 211

채운(彩雲) 닮은 노신사 윤재천 선생 … 217

풍류와 멋과 수필의 촉수 김수봉 선생 … 221

수필 쓰기 위해 태어난 신사 최원현 선생 … 225

환희를 향한 생(生)의 노래 … 234
―신진호 시집 『젓가락이 숟가락에게』

그릇에도 울림소리가 있다 … 236
―이순금 수필집 『물을 토하는 화공』

그의 글에는 사람들이 펄떡인다 … 239
―장석례 수필집 『따뜻하면 좋겠어』

고풍적 향취와 객관적 시사 … 242
―권혜선 수필집 『어린것들은 예쁘다』

6장 수필에 대한 소고(小考)

수필의 장르적 특성에 대한 고찰 ⋯ 247
일상과 문학(文學) ⋯ 270
낭송수필의 요건과 글맛, 그리고 여운 ⋯ 286

부록

이승우 자랑스러운 나의 어머니 ⋯ 303

1장
열일곱 살의 개척자

사륜정(四輪亭)

떡보살

열일곱 살의 개척자

두고 온 그리움은 땅이름을 낳는다

산마을에 눈은 내리는데

목단에 서린 숨결

비단길

수필 판타지

어머니, 그 내밀한 성소(聖所)

네 개의 기타가 있는 방

무의도(舞衣島) 실미해변에 문향(文香)을 실어

사륜정(四輪亭)

　지필묵 놓인 나무책상과 사방이 트인 작은 방 하나가 두물머리의 정원에 있다. 초가고깔을 이고 거무튀튀한 목재바닥 네 귀퉁이에 바퀴가 달려 어디로든 떠날 준비가 되어 길손을 맞는다. 나는 소박하면서도 멋스런 이 수레가 좋아 그 먼 곳을 수도 없이 찾아갔다. 그러다가 아예 통 크게도 그 음전한 사물을 내 안에 들여앉혀버렸다.

　아산과 공주경계의 물길 좋은 곳에 내 논이 있었다. 폭풍우에도 벼 포기가 실하게 자라 희망으로 일렁였다. 거리가 멀어 농사는 물론 그 지역민이 지었지만, 계절 따라 논둑길을 걸어보는 것이 재미난 놀이였다. 메뚜기가 뛰면 내 걸음도 뛰고, 벼가 고개를 숙이면 내 고개도 숙어졌다.
　나이 오십을 넘길 무렵, 무심히 지나던 어느 지형에 홀리어 정경 좋은 곳이면 손바닥만 한 땅이라도 소유하려고 애를 썼다.

넉넉지 않은 형편에 무리하여, 경치 수려한 촌락만을 골라 문서를 몇 꼭지 쥐었다. 불길 같이 이는 그 바람은 좀체 잦아들질 않아 억지로라도 스스로를 집안에 주저앉혀야 했다. 힘차게 걸어오던 글 길에서 필은 어디가고, 유유자적하는 한 아낙만이 '나라고 우겨댔다.

천안에서 공주로 넘던 길에서 일은 시작되었다. 마주한 초자연적인 돌담마을이 가슴을 흔들었고, 조금 더 내려오자 수호신격인 아름의 나무들이 내 혼을 쏙 앗아버렸다. 그 후 거기가 어디쯤인지 아무리 기억을 더듬어보아도 승용차로 쓱 지나친 곳인지라 손에 잡히지 않았지만, 한 번 시작된 병은 이 골짝 저 골짝의 별 재산가치 없는 땅 부스러기들을 넝큼넝큼 받아 쟁이기에 이르렀다.

고즈넉한 산마을에서 피어오르는 저녁연기에 반해 들깨 무성한 밭을 덥석 사고 보면 실체가 돌밭이었고, 저 논이 터주처럼 나를 맞아주는구나 하고 산 밑에 막다른 답을 잡고 보면, 그 언덕위에 뉘댁 묘 동산이 있었다. 그래도 멈추어지지 않는 기운은 집안에 회오리를 일으켜, 남편이나 아이들이 그 어떤 말로 만류해도 둑 터진 물꼬 격이었다. 흐를 만큼 흘러야 제 풀에 잔잔해질 의식의 보 하나가 주체할 수 없이 수문이 열려 마구잡이로 소쿠라졌다.

물욕을 모르는 사람이 인생 중반을 넘기며 나를 어느 자리에 놓을까 하는 화두를 붙잡고 무서우리만치 몰아 부친 기세였다. 가정에 뿌리를 둔 여인네로서 아직 작은아이는 제 자리를 잡기 전인데도, 무엇이 그리 급해 서둘렀단 말인가. 헌데 아무리 산 너울 아름다운 곳을 내 땅이라 정해놔도 첫눈에 들어온 미혹의 마을에 대한 미련은 가시지를 않았다. '그곳이 어디였던가. 어디 쯤일까.' 되돌아가보려 해도 막연하여 도무지 가닥이 잡히지 않았다. 가슴을 부여잡으며 이 몹쓸 충동을 멈추려 안간힘을 써보지만, 한창 글신 들린 작가가 사유의 세계에서 문장을 타고 놀듯 엉뚱한 상승기류에서 헤어나지를 못했다.

그러던 어느 날, 우연히 큰 개울 휘돌아 치는 조용한 동네에 땅이 나온 것을 확인했다. 누가 권하지 않았는데도 중개사를 앞세워 그곳을 찾아갔다. 여름에 시작된 초록바람이 한겨울 눈밭에 주춤거리고 있을 때였다. 그런데 말이다. 이렇게 묘한 일이 있을 수 있는가. 나를 그토록 잡아 흔든 시초의 그림들이 거기에 그득 모여 있었다. 산으로 에워싸인 바로 그 땅이었다. 몇 백 년이 되었을지 가늠이 어려운 느티나무군락이며, 주변의 시커먼 돌무더기들. 그리고 마을 초입에 세워진 석장승이며 누구의 후손들이 세웠다는 소박한 송덕비에서 유서 깊은 마을임을 단박에 알아차렸다. 묵은 괴목이 있다는 것은 그만큼 사람들의 숨결이 오래도록 존재해왔다는 반증이기도 하다. 그간의 연고를 떠나 이 정도의 맥이 통하는 마을의 주민으로 살아보는 것도 괜찮지 싶었다.

개울에서 두 번째 다랑이가 요주의 물건이었다. 망설일 것도 없이 그 문서마저 쥐었다. 그러고 나자 그토록 떠있던 마음에 안정이 찾아왔다. 모양도 없는 길쭉한 논배미지만 그곳에 흙을 돋우어 아담한 요람 한 채 들이고 눌러 앉으면 신선놀음이 따로 없을 듯싶었다.

허나 삶이란 밑그림대로 척척 들어맞는 것만은 아니라지 않던가. 그 일은 한낱 꿈에 불과해 십년을 소유하다 손을 놓았다. 오죽하니 고려시대의 대문필가 이규보 선생이 네발 달린 정자를 설계하셨을까. 시인묵객과 담소 나누며 노닐다보면 해의 기울기에 따라 드는 볕을 피하기 위해 잠깐씩 옮겨놓으면 좋겠다는 생각에서 착안했다는 사륜정. 나는 선생의 마음을 충분히 헤아리고도 남을 것 같다. 어쩌면 더 멀리 더 높이서 세상을 관망하며, 몸과 마음에 매이는 일 없이 대 자유를 갈망하셨던 것은 아닐지. 성글게 땅을 받친 네 개의 바퀴가 움직이는 내면을 반추한다.

선생 생존 시에 설계하신 것을 세월이 흐르고 흘러 풍광 아름다운 곳에 턱하니 만들어 세웠으니, 그 정원 주인의 눈도 밝기는 마찬가지다. 가히 대 문호의 낭만만큼이나 내 의식의 굴러가는 수레에도 무수한 곳에 대한 동경이 어리어 허둥댔던 게지. 산수 빼어난 자리의 정자를 만나면, 머뭇머뭇 그 언저리를 에돌며 선인들의 앞선 숨에 귀를 기울인다. '사륜정' 이름만 읊조려도 내가 먼저 달려 나갈 채비를 한다.

계간수필 2024. 여름호

떡보살

 화사한 꽃밭 옆 약수터를 지나 일제강점기에 지어진 붉은 벽돌집 앞에 도착했다. 애국지사들의 숨결이 깃든 '삼신당'이다. 한 발짝씩 내딛지 않았다면 모르고 살아갔을 은밀한 공간이 가슴을 서늘하게 한다.
 며칠 전 폰에 낯선 번호가 떴다. 이어 이메일이 왔다. 고향에서 향토자료를 연구하는 분이 간곡히 나를 청했다. 그 지역의 고등학생들과 옛 자료를 물색 중인데 원주민의 도움이 필요하다고 했다. 떠나온 지 30여년 만에 그 땅의 부름을 받다니…. 내 청소년 장편소설 『솔수펑이 사람들』을 통해 알게 됐단다. 1970년대의 시대상을 그려낸 작품인데, 역상성과 향토성 면에서 제법 평가를 받은 모양이다.
 소풍 날 받아놓은 아이처럼 설렘 속에 서둘러 달려간 길, 암룡이 승천할 때 무릎을 굽혀 움푹 패었다는 암용추에 다다르니 만감이 교차한다. 사이다를 처음 맛본 곳이 전설어린 산속 이

암반 위였다면 믿을 사람 없을 것이다. 4학년 때였던가. 도시에서 이사 온 선배의 어머니가 한 병 싸온 것을 양은도시락 뚜껑에 몇 모금 받아 아껴가며 마셨다. 세상이 번쩍 뜨이는 그 맛은 한 마디로 짜릿했다.

지금 배낭을 맨 채 그 길을 돌아다니고 있다. 그 시절의 사람은 없고 풍광만이 남아 숱한 말을 건다. 이 한 사람의 존재가 현지인들에게 얼마나 도움이 될지 모르지만, 나는 나름대로 그들이 정리해놓은 흔적을 밟고 다니며 더 이전의 족적을 더듬기에 여념이 없다. 그러던 중 눈이 짓물렀다. 산길을 오르는데 땀이 비 오듯 하더니, 이내 양쪽 눈꼬리가 따끔거린다. 돌계단을 몇 개 남겨두고 그만 돌아설까 하다가 지켜보는 눈을 의식해 다시 힘을 내보았다. 날렵하게 오른 학생들이 얼마 안 남았다며 이구동성으로 응원을 보내온다. 애초 이 일대의 터주는 나였느니 하는 자부심으로 다리에 남은 힘을 몰아본다. 마침내 험준한 협곡이 눈 아래로 보이고 계룡산 정상부가 손에 잡힐 듯 다가와 있다. 주봉을 꽃심이라 한다면 이를 에워싼 꽃잎 중의 하나에 내가 올라 있었다.

드디어 사람 하나 드나들 작은 암문을 지나자마자 환하게 열리는 시야에 절로 환호가 터진다. 산신을 모시는데 혼을 다하던 '안성댁(외할아버지의 수양딸)'이 기거했던 초막을 헤아려본다. 저 건너편 상봉과의 수직관계 그 중간쯤 평평한 능선에 외딴 초가가 있었다. '우적골'이 내려다보이는 너럭바위에서 정월대보름 밤에 소복차림으로 기도 올리는 모습을 일찍이 보아왔다. 큰 기도가 다가오면 장을 보아 이고지고 '골짝산이'를 휘돌아 오르는 사람들이 큰 떼를 이루었다. 어머니는 멀리서 이 진풍경을 바라보며 "윗지역은 '작은골짝산이'고 아래지역은 '큰골짝산이'라고 하셨다. 그리고 이 두 골짝산이보다도 더 깊은 골짝 우적골 사람들이 합심하여 일을 돕는다고 했다.

헌데 옛 지명 신도안의 사진을 들추던 중 귀한 자료들을 마주할 수 있었다. 유일하게 사진관을 운영하던 사진사 아저씨도 오래전 작고했다는데, 그가 남긴 사진첩엔 수십 년 전의 이 지역 사람들 생활상이 고스란히 담겨 있었다. 거기에 '떡보살'이란 제호로 위풍당당한 안성댁의 기도장면이 훅 가슴을 친다. 그랬지. 그랬겠지. '신(神)들의 정원'이라 일컬어지는 계룡산에서 저 정도의 위력이 있었기에 잡지사나 신문사 기자들의 궁금증을 자아냈겠지.

기도 떡을 많이 해서 인근 주민들에게 나눠줬다 하여 그런 별호가 붙었는지 모르지만, 우리 가족에게 그는 그저 '안성댁'이며 '이모'였으며 '우적골 아줌마'였다. 어렸던 내 눈엔 전혀 비범할 것 같지 않은 단아한 산사람일 뿐이었다. 하지만 그는 대외적으로 지극히 유명하여 기자들의 발길이 끊이지 않았다고 하니 아이러니한 일이다. 이제와 사진을 보니, 도력이든 법력이든 범상한 우리들이 알아차리기 어려운 기세가 기도의식의 장면마다에서 흠씬 풍겨나고 있었다.

나는 성년이 되고 첫아이 엄마가 되어서야 그의 행적에 대해 들어볼 기회가 있었다. 군사령부에 고향산천을 내주고 몇 년이 지난 뒤, 공주로 이주한 시골집에서 아버지 회갑 잔치를 치르던 중 그와 마주앉았다. "다섯 살 때부터 감나무 아래 마당에다 막대기로 글씨를 그토록 써대더니 아들 참 똑똑하게 낳았구나." 하는 말에 적이 뿌듯했다. 그는 일흔 넘긴 나이에도 꼿꼿한 어조에 변함이 없었다. 이전에 지면에서 뵈었다 하자, 바로 정색을 하며 당신은 '그냥 사람'이라 했다. 나라의 안위를 위한 기도를 올렸지만, 수많은 기자들에게도 보살이니 무당이니 하는 말을 허용 않고 그냥 사람이기를 원했다는 것이다.

그러고 보면 안성의 한 양반 댁으로 출가해 아이를 낳지 못해 소박맞아온 것이 한 되어 그는 평범한 여인이기를 꿈꾸었던 것일까. 가난한 일상에 부대끼면서도 자식 낳아 왁자지껄 살아가는 사람들의 삶을 지극히 부러워했을지도 모르겠다는 생각이 든다. 띠 뿌리를 우물거리고 송진을 따서 씹을망정 핏줄을 나누어 복닥거리는 마당이 탐났을 것이고, 등잔불 아래 콧속이 그을리면서도 웃음소리 굴러다니는 작은 방 이불 속이 마냥 부러웠을 수도 있으려니 싶다. 그랬기에 평생을 명산기도에 매진했으면서도 그냥 사람을 강조했는지도 모를 일이다. 어쩌면 정신세계가 달관의 경지에 이르러 소박하고도 겸손하게 그리 내려놓았는지도.

서른의 꽃다운 그녀가 처음 찾아왔을 때, 동학에서 도사 신분이던 외할아버지는 사흘을 우리 집에서 기거하게 한 다음 양딸로 삼아 계룡산의 삼불봉 암자에 데려다 놓았다 한다. 허나 절 기도가 몸에 맞지 않았는지 그는 산신을 모시기에 이르렀다. 그러한 연고로 우리 형제들은 혼전만전 그녀의 기도 떡을 먹고 자랐다. 그러면서도 그가 '떡보살'로 불리어졌다는 사실은 알지 못한 채 뿔뿔이 흩어졌다. 그러한 것을 나이 오십 중반의 내가 그 지역 현지인에 의해 지난날을 확인하고 다니는 셈이 되었다.

글 쓰는 사람들에게도 별호가 있다. 누구는 담배를 많이 피워서 '공초'이고, 누구는 메모를 달고 살아 '메모광'이다. 이렇듯 떡보살은 곤곤한 시대에 그 일대를 살다간 사람들에게 풍요의 상징으로 거듭나고 있었다. 사람들과 어우렁더우렁 쉽게 섞이지 못하는 나는 이 다음에 혹여 '대쪽'이란 풍문이 돌지는 않을지 뜨끔해진다.

현대수필 2022. 가을호

열일곱 살의 개척자

오빠의 편지를 읽자마자 S는 다시 잉크병 뚜껑을 열었다.

To 언니

빛이 무얼까?

그것은 사람이 살아가면서 목표로 삼은 대상의 끌림을 의미하는 걸 거야. 내가 철없을 때부터 키워온 꿈의 세계! 그 목표지점에 도달하기란 우리 집이 부자가 되는 것만큼이나 어렵지만, 동생들의 앞날을 위해 내가 꿈이 되어주어야 해. 절박한 가정형편을 모르고 공부만 하면 되는 줄 아는 동생들에게, 나와 같은 절망의 길을 가게 할 수는 없어. 그 역할을 직접 내가 하려는 거야. 내가 이만큼 크는 동안 나 모르게 오빠 언니가 희생했다면, 나는 이제 현실파악이 다 되었으니 그 누구에게도 기대지 않으려는 거야.

오빠는 이제부터 청년으로서 나름의 꿈이 있을 테니 그 길을 가도록 해야 해. 언니야 엄마 아버지 곁에서 떠나면 죽는 줄 아는 사람이니 농사꾼으로 그냥 몇 년 더 지내다가 시집가면 되고. 어차피 언니가 집을 떠나면 엄마 아버지는 왼팔 오른팔을 다 떼어낸 것처럼 허전할 거야. 그만큼 언니는 집에서 꼭 필요한 사람이야. 한 마디로 말해 가발공장이나 방직공장에 나가서 고생하며 돈 몇 푼 벌어오느니, 집에서 배짱부리며 동생들에게 큰소리 빽~빽 지르며 호밀밥이라도 배불리 먹고 살아가는 것이 훨씬 낫다고. 특히 언니 성질머리는 누구에게 '예, 예.' 하고 공손하질 못하잖아. 그건 나도 별반 다르지 않지만….

농한기를 맞아 가발공장에 나갔다가 '어머님 아버님 전상서'란 제목으로 써 보낸 편지에, 언니의 눈물자국이 글자보다 더 많았던 거 알아? 그런 편지를 보내오면 그걸 읽고 어느 부모가 객지에 딸을 그냥 두느냐고.

"당장 편지 써라. 편지 받는 즉시 가방 싸서 내려오라고 혀!"

아버지의 불호령이 떨어지고, 나도 눈물로 편지를 쓴 건 뻔하지 뭐. 그런 내 편지를 받은 언니는 복사꽃처럼 예쁘게 피어서 돌아왔어. 그 사이 얼굴이 뽀얘지고 서울 말씨를 쓰면서 진분홍 원피스를 입고 말이야. 그때가 언니 나이 열여덟 무렵인데 언니는 그 진분홍 원피스를 입고, 엄마는 연분홍 한복을 차려입고, 나는 무슨 옷을 입었는지 기억도 잘 안 나지만 계룡산 고개 중

하나인 '구럭재'를 넘어 동학사로 벚꽃놀이를 다녀왔어. 엄마 머리엔 찰밥 찬합이 올려져 있었는데, 산길을 걸으며 무척이나 행복해했어. 미소가 연신 떠나질 않았어. 외할머니랑 함께 다녀본 산길이랬어.

어쩌면 우리 엄마에겐 그날이 가장 고운 날이 아니었나 생각돼. 두 딸을 데리고 나들이 가던 그날이. 그 산길은 내가 두고두고 다시 걸어보고 싶은 길이야. 가정 현실의 어려움을 모르고 마음이 지극히 평화로울 때였으니까. 돌이켜보면 꼭 꿈길 같아. 그러고 보니 그때는 아기도 젖을 떼었는지 젖먹이 동생도 집에 두고 갔었어. 아마 아기를 아버지가 봐줬나봐.

그건 그렇고 나는 언니를 통해 어깨너머로 다 배웠어. 내가 무얼 해야 되는지를 말이야. 집에는 언니만 있으면 되는 거야. 나까지 묶여 있으며 동생들의 진로에 도움을 못 주면 말이 안 되잖아. 내가 움직이는 거야. 돈 벌 곳을 찾아서 집을 나서는 거라고. 나는 개척자가 되어야 해.

그런데 어디로 가서 무얼 하지? 가슴만 타고 막막할 뿐이야. 어떻게든 상급학교를 못 가는 것은 나 하나로 족해. 꿈의 길이 끊기는 일은 이쯤에서 중단되어야 한다고. 내가 반드시 그렇게 되게 하겠어. 엄마, 아버지, 언니 모두 집에서 열심히 농사일하며 가축 키우고, 내가 나가서 돈 벌어 보태면 그 일은 얼마든지

가능해.

 자갈이 호미 날을 퉁기는 이 땅에서 내가 무얼 더 얻겠어? 내 땅이 없는 곳에서 무엇을 일굴 것인가 말이야. 도시로 나가 또 다시 어려움이 닥칠망정 뭔가 새로움을 찾아 움직여야 해. 이곳 고향의 토질보다 도시의 인심이 더 각박하여 코피를 쏟더라도, 어떻게든 그곳에 뿌리를 내릴 수 있어야 해. 아직은 보이지도 않고 손에 잡히지도 않는 앞날이지만, 동생들을 위해서는 내가 나서야 하는 거야.

 그곳이 망망한 대해일지도 몰라. 하지만 앞길을 밝혀줄 불빛 한 자락이라도 찾아 움직여야 해. 그것이 비록 희미할지라도 막연히 부모님 곁에서 안주하는 것보다는 희망적일 테니까. 부모님 곁에 있으면 우선은 편한 것 같지만 미래가 불투명해. 당장은 외부에서 불어오는 찬바람을 피할 수 있지만, 길게 내다보면 그것은 유한한 거야.

 작은 것이라도 내 것이 있어야 해. 알곡은 땅임자에게 바치고, 반 쭉정이 곡식을 가지고 어떻게 많은 식구의 미래를 책임지느냐고. 무엇으로 불 밝혀 나갈 거냐고. 나는 그것을 일구러 도시로 나가는 거야. 아무리 생각해도 내 발걸음에 달려 있어. 나에 의해 여러 명의 동생들 앞길이 결정 날 거야.

 거듭 말하지만, 그곳은 어쩌면 이 메마른 솔수펑이 자갈밭보다 더 각박한 곳인지도 몰라. 그렇지만 나는 동생들의 공부를 위해 해내고 말 거야. 아니 그것은 내 꿈이기도 해. 내 혈육이 더 이상 학업을 포기하고 꿈을 접는 일을 보고 있을 수는 없으니까. 그걸 지켜주는 것이 내 자존심이야. 나는 내 자존심을 위해 밤기차를 타는 거라고. 그러니 미안해하지는 마.

S는 편지를 가만히 앉은뱅이 책상위에 놓았다. 그리고 살그머니 사립문을 나섰다. 작은 보따리 하나를 옆구리에 끼고, 오빠가 적어 보내온 주소를 꼬깃꼬깃 접어 쥔 채. '그래. 밤차를 타는 거야. 동생들의 빛을 찾아서. 그리고 내 꿈을 찾아서.'

호남선 철로변의 두계역. 산마을 계단밭에 올라 수시로 내다보며 익혀둔 풍경이다. S는 이제 이 길을 따라 걸음을 옮기게 된다. 배차 간격이 드문 완행열차를 타기 위해 퍽 여러 명의 사람들이 북적거렸다. 그들 틈에 S도 끼어있었다.

한국산문 2024. 1월호

두고 온 그리움은 땅이름을 낳는다

 어느 곳이든 거슬러 올라가면 그 유래가 있기 마련, 지명에 사람 이름이 붙고 사람의 호에 지명이 붙기도 한다. 미국에 이민 가서 사는 한 중년의 남성은 작은 농장을 일구며 푯말을 '청양농장'이라 적어 세웠다. 고향이 충청도 청양이란다. TV 화면에 비치는 그의 가슴자리가 훤히 읽혔다.

 계룡역 플랫폼에 서서 바라보면 북동쪽 저만치로 붕긋하니 어머니 젖가슴 닮은 산봉우리가 반긴다. 시야에 가려 계룡산 정상부는 보이지 않고, 우리 집이 있던 곳의 뒷산 정상부가 은은히 눈에 들어온다. 상봉 아래에는 크고 작은 산들이 제각각의 이름을 띤 채 꽃잎 모양으로 둘러서서 촌락들을 품고 있다.

 우리 동네 뒷배는 그냥 뒷산, 앞의 산은 역시 정직하게 그대로 앞산이었다. 하지만 봉우리 명칭은 있었으니 뒷산 봉우리는 우리 쪽에서는 시루봉, 산 너머마을 세동 쪽에서는 노적산이요 노적봉이었다. 앞산은 우리 마을 '안터'에서나 그 앞쪽 '놋적골'에서나 정상부를 여우바위라고 불렀다.

'곤륜', '화산리', '황새부리'는 내가 주로 바라다보며 자란 마을들이다. 곤륜은 이곳에 첫 둥지를 튼 주민들이 중국의 신성한 산 '곤륜산'을 따와 붙인 것이고, 화산리는 이북에 꽃이 만발하는 산이 있었는데 그곳 사람들이 6·25로 피난 내려와 이곳에 깃 내리고 고향 그리워서 붙인 이름이란다. 그중 가장 궁금한 지명이 황새부리였다. 어감이 부드러워 입에 척척 붙어 한 번 들으면 잊힐 것 같지 않는데, 화산리를 지나는 산세가 황새목처럼 쭉 뻗어 나가 그 끝점의 마을을 그렇게 불렀다. 이 밖에도 땅이 질어 한복 치맛자락을 걷어 올리고 조심조심 디뎌 다니던 곳은 '진둥', 사기를 굽던 곳이 씻겨 내리는 냇가는 '사기막천'이다. 그러고 보니 나도 지명 하나쯤 쓱 빌려다 적어두고픈 곳이 있긴 하다.

변산반도 격포쯤이었던가. 문학행사 차 참여했다가 웅성거리는 소리를 피해 잠시 밖으로 나왔다. 사람의 일생을 몇 대째 지켜보았음직한 묵은 나무 군락이 시커멓다. 그 촘촘한 가지 사이로 희부연 달빛이 기웃한다. 말 배우면서부터 쟁반 같다고 수도 없이 노래해 온 10월 상달이다. 나무 밑동의 둘레석에 걸터앉아 본다. 차디찬 기운이 훅 올라온다. 무한한 세포가 깨어나 갇혔던 언어들이 터져 나올 것 같다.

채근하는 기색이 있지만 이 달빛을 두고 어찌 숙소에 들 수 있으랴. 결국, 편안한 차림으로 의상을 갈아입고 밤 바닷가로 향했다. 철썩인다. 수면이 달빛을 받아 반짝인다. 저편에서부터 은빛으로 다가오는 언어. 소통을 갈구하는 사람들 간의 미처 나누지 못한 밀어들일까.

그날의 감성은 두고두고 나를 녹슬지 않게 한다. 사람의 의식을 건드는 현(絃)은 그 자락을 붙잡고 늘어지게 하는 묘한 마력이 있어, 누구나 귀히 여기게 된다.

수필세계 2023. 가을호

산마을에 눈은 내리는데

손에 닿는 촉감이 따뜻했다. 겉면에 그려진 그림들이 매우 서정적이다. 한가로운 산마을에 소담스런 눈이 내린다. 들창문 아담한 초가에, 수호신 격의 몇 그루 소나무에, 구릉지의 경사진 뙈기밭둑 등, 말하지 않아도 다 아는 유년의 행복했던 풍경이다.

그 산마을 그림 은은한 물건이 감쪽같이 사라졌다. 정이 함빡 든 도자기 찻잔 한 쌍이다.
"이상하다. 늘 여기 있었는데 없네."
"몰라."
이처럼 알아듣기 어려운 말이 있을까. 40년을 함께 살고도 그 단답형의 대꾸에 수시로 말귀 못 알아듣는 사람이 된다.
이번엔 사진을 보여주며 재차 물었다.
"컴퓨터 옆 진열장위에 있던 거, 근 6개월간이나 글 쓰려고 눈을 맞춰 왔는데…."

"글쎄, 모른다니까."

한 번만 더 물으면 그나마 입이 붙어버릴 태세다. 곁눈질로 슬쩍 보고 무조건 말을 자르는 게 수상쩍다. 몰라서 모른다는 것인지, 생각하기 싫어 그런 것인지, 민망하여 자수할 자신이 없는 것인지 심증은 가나 몰아칠 수도 없다. 만에 하나라도 내가 잘못 두고 착각하여 생사람을 잡는 것인지도 모른다는 자책에 집안 곳곳을 뒤져보았지만 허사였다. 금전적 상실이 이렇게 허탈할까. 하찮게 넘기면 별 일도 아닌 것을 반쯤 이성을 잃고 허둥댔다. 남편의 곱지 않은 시선이 따갑게 꽂힌다.

"아, 없으면 없나보다 하지 뭘 그러나? 왜 그런 걸 함부로 두고?"

저이가 저런 식으로 말할 때는 이미 틀렸다는 근거다. 물 건너간 지 오래라는 의미의 다른 표현이다. 십여 년 전엔 두 아들이 외가 선조들의 유품인 '홉'*을 내다버리고는 시치미를 뚝 떼어 애상에 젖게 하더니, 이번엔 남편이 또 그 이상의 급으로 애를 태운다. 집수리를 하느라 온 짐을 빼내는데도 그 물건은 끝내 보이지 않았다. 아마도 내가 몹시 미운 날, 어깃장 놓느라 싸다 버린 모양이다.

친정어머니와 나는 자주 만났는데, 하루는 비어둔 구옥 뒤뜰에서 항아리를 열고 고이 모셔둔 찻잔을 내보였다. 요즘의 머그 잔처럼 크지 않고 아담한데 둘레가 두툼했다. 어렸을 때 몇 번 보았지만, 여러 자식들 속에 행여 깨질세라 어머니는 슬금슬금 감추기 급급했다. 동생이 학교에서 반장에 뽑혀 물잔 세트를 가져가야 할 때면 그 진귀한 도기들을 일일이 포장하여 보내곤 하셨다. 이후로는 골동품 장수가 오면 하나둘 몇 푼의 돈과 바꿔 집안엔 오래된 물건이 남아나질 않았다. 심지어 대를 물려 쓰던 궤까지 단골장수의 어깨에 얹혀 한 짝 두 짝 사립을 나섰다.

시골 집 뒤뜰, 어머니는 넌지시 나를 보았다.

"이건 도자기인데 네가 가져가야겠구나."

일순 내가 열서너 살로 돌아가는 느낌이었다. 일찌감치 객지 생활로 어머니 품을 벗어나 지내다가, 세월의 뒤안길에서 안온한 품에 안기는 듯했다. 옛 어른들을 뵙는 양 말을 걸어오는 도기들 앞에서 절로 다소곳해지기까지 했다.

어머니의 고향이기도 한 마을, 우리는 대를 물려 한 동네에서 나고 자랐다. 같은 초등학교를 다닌 선후배여서 어머니의 유년기 이야기는 문화적 차이를 넘어서는 공감대가 형성되었다. 노루와 함께 뛰놀았다는 증언엔 설마하면서도 말똥말똥 눈알을 굴렸고, 멧돼지가 기승을 부려 어른들이 삽을 두드리며 쇳소리를 내어 쫓아야만 고구마라도 수확할 수 있었다고 할 땐, 무슨 전설 속

장면들이 툭툭 튀어나오는 것 같았다. 이즘엔 따로 엽사들을 두어 포획하고 있지만 60~70년대에는 산 고개를 넘어 학교에 다녀도 그런 짐승들을 맞닥뜨리지 않았다.

우리 선조들이 터를 잡기 전에는 도공들이 산속에서 살다 떠났다는 마을이다. 그 흔적을 신비롭게 쟁이며 협곡을 타고 떠내려 온 사금파리들로 소꿉놀이를 하며 나름 풍요를 즐겼다. 깨진 주발 밑바닥을 동그랗게 다듬어 뒤집으면 훌륭한 솥이 되었다.

다시 찻잔 속 그림을 본다. 지붕 뒤편엔 감나무인 듯 뻗은 가지에 열매가 주렁주렁하다. 한겨울 눈은 내려도 작은 초가 안 사람들은 먹을거리 부족으로 울지는 않아도 될 것 같아 안심이다. 게다가 도공의 상상력은 더욱 낭만을 부르고 있다. 흐르는 물살을 타고 앉은 물레방아가 금세라도 철커덕철커덕 소리를 낼 낌새이다.

기껏해야 장정 손에 쏙 들어갈 품이다. 차라고 해봐야 아껴 몇 모금 마시면 바닥이 난다. 그런데도 나는 왜 그것에서 미련을 떼지 못하고 의식 붙들려 전전하는가. 스마트폰 하나면 만 가지 일을 할 수 있는 세상에 굳이 어떤 향수에 매여 그 끈을 끊어내질 못하는가.

아무래도 저 그림 안에 싸리비를 들고 오솔길을 내야겠다. 집 옆으로 계곡 따라 산을 향해 오르다가 다시 골짜기 건너로 제주의 만세벌판 같은 평원지대를 지나, 너무도 작은 공장 외딴집으로 닿는 길이 있어야만 될 것 같다. 그래야 찻잔에서 벗어나지 못하는 아득한 정서가 해결되려니. 그 길엔 털모자를 쓰고 손을 호호 불며 맞잡은 채 걷는 남매가 존재한다. 수동식으로 채칵채칵 장갑 짜는 소리가 대 희망이어서 그것을 받으러 심부름 다니던 꼬맹이들. 스무 짝 목장갑을 손목 부위와 손바닥 부위를 바느질로 이어 붙여야 2원 받던 겨울철. 그 농한기의 부업을 매우 값지게 치던 시대적 우수가 짙게 배어 있는 까닭에 그리로 반드시 길이 나야만 한다.

어쩌면 눈 속에 묻혔는가도 모르겠다. 오순도순 우리 여러 남매가 살았고, 어머니가 살았고, 외증조부를 넘어서서 도공들이 살았던 그 터의 서정을 아담한 찻잔 한 쌍이 무한히 일러오고 있지 않은가.

예술가들은 자주 보아온 어떤 현상들이 축적되어 작품으로 나타난다. 글 쓰는 사람은 문체에서, 석공은 돌 문양에서 그런 흔적을 찾아볼 수 있다. 흙 반죽을 하고 빚어 가마에 구워내던 도공은 그날, 이왕이면 풍경을 한 자락 그려보고 싶었던가. 첩첩산중, 계룡산 상봉이 우러러보이는 산마을에 펄펄 내려쌓이는 눈발을 보며 어쩌면 외로움의 극치로 치달았을지도 모르겠다. 그러다가 평온해진 내면의 파도, 도공은 못내 감흥을 이기지 못해 즉흥적으로 붓을 들어 그 결을 촘촘히 그려 넣고 말았겠지. 파동을 세기를 넘어서서야 이 어설픈 사람이 되받아 듣고, 무딘 어휘로나마 글 그림을 그려본다.

근래 내가 돌보는 시골집 장독대에도 눈이 소복소복 내려앉는다. 복고적 문화 속에 찻잔의 그림 한 점이 묵묵히 기다려온 세월을 이고 나붓나붓 묵은 이야기를 푼다. 지극히 일상적일 수 있는 서사를 딛고 순한 도공이 빙긋 웃는다.

현대수필 2023. 겨울호 「문화의 광장」

*부피를 재는 단위. 1홉은 1되의 10분의 1.

목단에 서린 숨결

 목단꽃 그림이 한 점 있다. 가로 세로 65센티의 정사각형 액자다. 너무 오래되어 간직하고 있다는 사실조차 잊고 지내왔다. 25년 전 큰애 방 벽면에 걸어두고 지냈는데, 아이가 장성해 나간 지 3년이 될 때까지 그런 소품에 눈 돌릴 새 없이 시간을 흘려보냈다. 제 개성에 맞게 가구 배치를 하는지라 책장이나 침대가 가로막아 그림 귀퉁이 정도나 존재감을 알렸다고 할까. 그러다가 집수리를 위해 대대적 정리를 하는 중 케케묵은 흔적으로 모습을 드러냈다.
 "이 그림을 꼭 걸어둬라. 국전 화백인 우리 시숙 작품인데 집안에 좋은 기운을 불러온단다."
 우격다짐으로 밀어놓는 언니의 성화에 못 이겨 인연이 된 그림. 셋방살이할 때 안방에 걸었던 것을, 이사 때마다 챙겨 다니며 유리가 깨지지 않도록 주의를 기울였다.
 모처럼 액자를 내려 거실에 세워두고 세월을 쓰다듬는다. 꽃송이들이 금세라도 생명을 얻어 바람결에 춤을 출 것 같다. 그림을 그렸던 화백 천곡 선생도 세상을 뜨고, 아기들을 업어 키우던 나도 이만큼 이울어 있다. 길한 기운을 부른다는 말에 솔깃해 그림을 들이는 것은 어리석은 짓이라며 내심 언니의 선물을 짐스러워했는데, 이제 와서는 목단꽃 그림을 바라보는 것만으로도 내 안에 불을 밝힌 듯하다.

목단이 필 때면 가슴 언저리가 더워왔다. 아니, 지금도 감당 못할 뜨거운 물결이 솟구친다. 수많은 화초 중에서도 덩실덩실한 숭어리에 겹겹의 꽃잎을 열어 보이는 다홍빛깔이 나를 열댓 살 사춘기적으로 돌려놓는다.

충청도 고향마을엔 유독 목단이 흔했다. 뜰에 목단 한 떨기 가꾸지 않는 집이 별로 없었다. 마당가나 뒤뜰이나 그것 몇 송이면 집안이 다 환했다. 남의 집 화단에서 장하게 핀 꽃을 보며 그것을 가꾸는 사람의 인품까지 읽어낸다면 다소 과장일까. 허나 나는 목단에 기대는 심리가 별스러워, 가슴속에 오래 품어온 사랑을 대하는 듯 내밀한 떨림을 느낀다. 그것은 시간을 아무리 빨리 돌린다 해도 과히 달라지지 않을 성 싶다.

유년의 다채로웠던 꽃밭은 곧 내 꿈의 빛깔이었다. 친구들이 교복입고 상급학교 진학할 때, 부러움과 갈증으로 치미는 마음을 달랠 공간이 필요했다. 하지만 사방팔방 돌아보아도 속마음 터놓을 대상이 없었다. 동생들 돌보며 집안일을 하고 물을 긷고 빨래를 하는 것이 일과였다. 들일을 하려들면 뼈가 덜 여물어 툭 하면 허리 병이 나고…. 이대로는 살 수 없다는 울부짖음은 안에서만 들끓다 가라앉곤 했다.

그러던 어느 날 꽃밭을 손질하던 어머니는 내게 "봄마다 땅에서 순이 돋아나는 것은 함박꽃(작약)이고, 나무에서 잎이 자라 꽃을 피우는 것은 목단이다." 하고 짚어가며 구분법을 알려주셨다. 황매며 노란 난초며 자주 붓꽃이며 불두화 등속이 즐비했는데, 들일만으로도 시간이 모자랄 판에 어머니는 잠깐씩이나마 꽃밭을 돌보며 행복해하셨다. 이 화초들은 모두 외할머니께서 황해도를 등지며 이사 내려올 때 기차간에 싣고 온 것이라는 사실이 놀라왔다. 터전을 두고 떠나오면서도 화초의 뿌리를 챙겨올 수 있었던 여유가 예사로 지나쳐지지 않았다.

어느 사이 나도 화초에 정을 붙였던가. 화창한 봄날 뒤뜰 꽃밭에서 진한 향기가 코를 자극했다. 함박꽃무리 속에 목단이 있었는데, 껑충한 나뭇가지 위에 달린 다홍빛의 꽃송이들이 막 벙글고 있었다. 제단처럼 몇 단의 돌계단을 올라야 장독대를 에워싼 꽃밭이 있던 산간마을, 거기서 나는 그윽한 향기에 취하고 말았다. 내가 태어나기 전에도 피었고 이전 해에도 피었을 그 꽃을 어찌 그제야 알아차린단 말인가. 꽃나무 앞에 쪼그려 앉은 나는 만 가지 상념에 사로잡혔다. 이내 자주 만날 수 없는 단짝이던 J에게 편지를 썼다. 그리고 종이로 작은 상자를 접어 목단꽃 한 송이를 따 넣었다. 다음 날 아침, 학교 가는 동생 가방에 넣어주며 전해주라 하였다. ―친구는 상자를 여는 순간, 향기에 깜짝 놀랄 것이다.

그러나 동생에게서 돌아온 답은 "누나, 다시는 편지 하지 말래!"였다. 한때는 도시락까지 바꿔먹던 그 애가 어찌 그리 매정한지 서운한 마음을 가누기 어려웠다. 그러다가 자존심을 다독이며 J입장에서는 매우 당연한 처세일 수 있다고 치부해버렸다. 나중에 그 애를 만났지만 그때 일을 물어 확인하지도 않았다. 다만 목단꽃 필 무렵이면, 한창 꿈을 향해 내달리지 못해 몸부림치던 한 여자아이가 상처를 그러안고 더 자라지도 못한 채로 꽃밭을 배회한다. 서울 와 직장생활 하는 동안도 잘 가꾸어진 정원에 목단이 피면 반가움과 부끄러움이 공존하며 괜히 서성거려지곤 했다. 애잔한 무늬가 여전히 나를 붙들고 쉽사리 놓아주질 않았다.

목단꽃과 친구 J와, 꿈이 너무도 커서 현실을 몇 곱 넘어섰던 한 산골아이. 좀 더 들여다보면 그때 친구에게 전하려던 고정불변의 우정 따위가 문제가 아니었다. 그보다는 처음 느껴보는 주체할 수 없었던 감흥을 온 가슴으로 안아 누군가와 공유하고자 하는 욕구가 강했던 것이다. 이전까지는 맛보지 못한 내면의 파동이라 하면 적절할까. 그 설렘을 귀하게 여긴 까닭이리라.

돌아보면 손 뻗어 어디든 가 닿을 것 같고, 맘먹으면 무엇이든 해낼 것 같던 순수가 얼마나 보배로운가. 당시의 목단꽃은 내가 열망하는 세계를 고스란히 받아 지니며 고개 끄덕여준 지기였다. 학업에 목말라하는 한 사춘기 아이에게 자신만의 향기를 내어 영혼을 어루만져준 듬직한 벗이었기에, 나는 그에게 응답하듯 불사르며 살아왔다.

우리 아파트 뜰에도 해마다 목단이 봄을 연다. 늦게 장만한 시골집 마당에도 몇 떨기 사다 심었다. 친정집엔 여전히 머나먼 외할머니 꽃밭에서 터를 옮겨온 화초들의 뿌리가 건재하다.

액자 속의 목단꽃 열한 송이를 본다. 검은 가지가 정성껏 떠받치고 있어 더욱 소담스럽다. 헌데 꽃들은 그간 이 사람 사는 방식을 죄다 봤다는 듯, 많은 말을 품고 벙싯거린다. 나도 덩달아 해죽해죽 웃기로 한다.

에세이21. 2022. 여름호(내가 좋아하는 그림)

비단길

툭하면 거기에 다다라 있다. 의도하고 가는 것이 아니라 발걸음이 절로 그 가게 집 앞을 서성이곤 한다.

골목 걸어 다니는 버릇이 생겼다. 아파트 숲이 아닌 오래된 골목에서 사람들의 묵은 체취를 느낀다. 몇 정거장 거리의 병원 출입이 잦아진 2년여 전부터, 갈 때는 남편 차에 의존하지만 돌아올 때는 급할 일 없으니 거의 뚜벅이가 된다.

헌데 큰길 따라 걸으면 빠를 것을 일부러 골목을 누비며 해찰을 즐긴다. 누구네 집 뜰에 앵두꽃이 붉구나. 누구네 집엔 묵은 감나무에 감이 몇 접쯤 달려 오종종하구나. 중학교 언덕바지 촐랑대는 까치는 누구에게 쓴맛을 보여주려 짱돌을 물었을까 상념이 늘어난다. 부리를 있는 대로 벌려 옹골진 돌멩이를 욱여넣고 으름장을 놓는 폼이 걸작이다. 그 앞에서 주억거리다 보면 나도 두리번두리번 그 골목의 풍경이 된다.

구릉지에 자리 잡은 단독주택 사이사이, 높아 봐야 3~5층짜리 빌딩들은 이제 재건축을 바라보며 낙후되어가는 몸체를 지탱하고 있다. 야산의 산비탈이었을 이곳에 애초 터를 잡았던 판잣집의 주인들은 이미 사위어가고, 그럴듯한 기와집이나 슬러브집들이 명을 유지하는데 그런 곳을 지나칠 때면 마음이 절로 숙연해져 고전을 읽는 느낌이다. 폐자재인 시멘트 조각들로 한쪽 귀퉁이가 채워진 삼각형 모양의 빈터는 그래뵈도 뒤댁 사랑채였거나, 구수하니 식솔들 먹을거리를 익혀내던 부엌일 수 있다는 생각에 가슴자리가 뜨뜻해진다. 그런 곳에 무성한 덩굴 뒤덮이고 누런 호박덩이라도 있으면 공허와 채움의 양면을 다독이느라 내 마음이 춤을 춘다.

허름한 담장을 따라 즐비한 화분에 화초보다 파, 배추, 고추 등 푸성귀가 자라는 정경은 그 댁에 지긋한 어른이 계시다는 정보 노출이다. 괜히 기웃기웃하며 사람 살아가는 말을 들어보고 싶어진다. 일굴 텃밭 대용으로 호미질 몇 번 깔짝거렸을 흔적이 많은 말을 품고 있다.

그렇게 걷던 길에서 하루는 가슴 철렁한 상호를 만났다. 복개천 건넛마을로 평지를 따라 걷는 길에 '비단길'이란 상호가 예사롭지 않았다. 글로 비유하자면 승화된 제목 같아 혹하니 궁금증이 일었다. 무엇일까. 무얼 의미하는 제호일까. 불빛도 화려하지 않은 나지막한 단층 건물, 거기에 나붙은 반어적 표현의 간판에 마음이 강렬하게 붙들려버렸다. 한참을 멈추어 가만가만 살펴본다. "바람처럼 왔다 가는 인생길"이라는 서술어가 서늘한 기운을 몰아온다. 중절모를 쓴 노인과 머리를 쪽진 노파가 다정히 손잡고 훌훌 털며 먼 길 떠나는 그림 한 폭이 애잔하다. 유리문엔 "유품 정리해 드립니다. 옷 수선…."이라며 글자들이 선명하다. 은유로 시작해 직설이다.

그래, 그렇지. 한 세상 살다 떠나는 길이 비단길이어야겠지. 유유자적 평탄했던 삶도 굴곡 깊어 굽이쳤던 삶도 그 길만은 공평해야겠지. 비단처럼 곱고 보드라운 길 위를 사뿐사뿐 디뎌 밟으며 저편에 들어야겠지. 가는 길 뒤돌아보지 않아도 되게끔, 마음 놓고 편안히 떠날 수 있도록 누군가는 그 마무리를 해줘야 하겠지.―이쪽저쪽으로 생각이 늘어나 쉬 발길을 떼지 못하고 있는 나를 그 길목 사람들은 어떻게 여겼을까. 그 울림은 꽤나 내 의식을 붙들고 놓아주지 않았다. 심지어 숨 한번 크게 쉬고 가게 안의 주인공들을 만나보고도 싶었지만 참았다. 보나마나 그들의 하는 일이 짐작이 간 까닭이다. 그런 것을 굳이 확인할 필요가 있겠는가. 때로는 알 듯 모를 듯 지나쳐야 할 일도 있는 법이 아니던가.

그 후 한동안 그 길을 잊었다. 그러다가 자연식밥상 거하게 차려주는 소박한 식당을 단골삼고 종종 찾게 되었다. 그런데 걷다보면 나도 모르게 그 가게 앞을 지난다. 다른 길도 많은데, 뇌리에서도 지워버렸는데 그곳에 도달한 발길이라니…. 그때마다 경건한 마음가짐이 되어 앞섶을 여미며 조신하게 지나다녔다. 삶과 죽음의 경계에서 일어나는 일들을 누구라고 의연히 마주할 수 있을까. 그 숱한 개개인의 자국들이 역사를 이루어 얼룩무늬로 아로새겨졌을 터인데, 그 뒷마무리를 해주는 손길이 위대해 보이기까지 했다. 이렇게 되자 이젠 그 길이 뭔가 묵직한 가르침을 주는 스승과도 같이 비쳤다. 그때까지만 해도 간판 속의 노부부상은 이미 작고하신 지 오래인 어버이 모습으로만 이해했었다.

  그러나 인생사 이별은 전혀 뜻하지 않은 곳에서 느닷없이 들이닥쳐 가슴 에이게 한다. 지난해 여름, 나보다 두 살 아래 금쪽같은 남동생이 갑자기 심정지를 당했다. 코로나시국으로 자주 만나지도 못하고 아껴뒀는데, 작별인사 한 마디 건네지도 못하고 얼김에 놓쳤다. 평생 교단에서 바른생활을 강조하던 사람이 제 아내 앞에서 불현듯 숨이 막혔으니 그 운수를 무슨 말로 헤아려 볼거나. 한 시대를 풍미한 남매의 격동기, 부대끼며 일어섰던 꿈 많던 시절을 어찌 다 돌아볼까. 그저 가슴에 묻고 바람에 날리며 들숨날숨 씰룩대는 게지.

그날 넋이 나간 이 누이는 지금껏 동생 잠든 곳을 들여다보지 못하고 있는데, 걷다보면 또 '비단길' 앞이다. 아예 다른 길목이지 하며 에돌아 다니는데도 길눈이 어두운지 재차 그 언저리에서 가슴이 철렁철렁한다. 미어지는 가슴을 부여잡으며, 울컥대는 목소리 애써 외면하며 '비단길 디뎌 잘 가라, 잘 가라.' 왼다. 이 속말대로 가는 발길 가벼우라고 아직은 무작정 떼어내는 연습 중에 있다.

언제쯤이면 저 부드러운 이름의 세 글자를 담담히 마주할 수 있으려나. 그리움을 쟁이기보다 떠다미는 방편으로 내 숨 트일 공간 찾으며, 오늘도 천하 무심한 척 딴청을 피우는데.

계간수필 2022. 겨울호

수필 판타지

어찌하다 시골집이 두 채가 되었다. 하나는 실존하는 월정재(月精齋)이고, 다른 하나는 꿈속에서 만난 그 앞의 도시형 단독주택이다. 그렇다고 그리 고급스런 등급에는 들지 못해 서민층의 주거공간이라면 맞을성싶다.

세 칸 집의 구성을 보면 어머니와 소수의 가족들이 안방과 대청마루를 사용하고, 장성한 아들은 부엌 쪽의 방 한 칸을 차지하고 있었다. 그사이 몇 번 마주했지만 그들은 왠지 내가 말을 걸어도 건조했다. 정답게 눈을 맞춘다든가 하는 예가 없어, 말을 걸어보는 나도 좀 쓸쓸했다.

그런데 이젠 그들이 다 떠나고 빈집이 되었다. 덩그러니 콘크리트덩어리인 그 황량한 집이 어처구니없게도 내 소유란다. 가뜩이나 드문드문 오가서 빈집이나 다름없는 월정재도 어찌 처분할까 고심 중인데, 재산 가치라곤 없는 시골집이 늘어났으니 혹이 붙어버렸다.

상실한 고향, 그 빈 터엔 존재할 수 없는 것들이 가끔 판타지로 채워져 나를 설레게 한다. 잡목 울울한 구릉지에 새 건물들이 몇 채 들어서고, 나도 거기에 버금가는 번듯한 2,3층 정도의 건물을 앉히면 그럭저럭 구색이 맞는다. 그랬을 때 먼 발치서 우리 동네를 바라보면 다시 마을이 세련되게 복원되어 뿌듯해지곤 했다. 더러는 너른 공간에 단층건물이 있고, 거기에 거주하는 사람들은 모두 세입자이며 역시 내가 집주인이라고도 했다. 그럴 때면 나는 평평한 마당의 풀은 어쩔 것이며 건물의 용도를 어떻게 발전시킬 것인지를 고심하곤 했었다.

그러나 이 모든 것은 잠에서 깨는 순간 날숨과 함께 사라져 고향마을에 대한 향수만이 가슴을 적셨다. 얼마나 상실의 덫이 크면 이렇듯 허상에 막혀 산단 말인가. 자책도 잠시, 어느 날 불현듯 간밤과 같이 허름한 집 한 채를 턱 부여받고 말았다.

이왕 시골집이 두 채이니, 잘 활용할 방법을 연구해본다. 월정재는 안채에 사랑채 두 동까지 다 도배를 하여 여름철 곰팡이가 걱정인데 비해, 새로 생긴 집안은 생짜 그대로 시멘트만 곱게 바른 형태이다. 살그머니 부엌을 들여다보니 부뚜막도 실하고 찬장 자리도 반듯하다. 색이 칙칙할 뿐 살림하기엔 지장이 없어 보인다. 직전까지 사람들이 살다 떠났으니 난방문제도 탈은 없을 것 같고.

또 다시 내 안에선 신바람이 불기 시작했다. 월정재를 안채라 치고, 이 집을 바깥채라 치자. 두 집을 통틀어 묵히지 말고 부지런히 단장하여 집이 필요한 사람들에게 빌려줘야지. 머릿속이 분주하고 심장은 또 요동친다. 관리가 어려우니 그만 팔아버릴까 했던 현실속의 월정재에도 새 생명력이 들러붙는다. 이 정도의 기운이면 못 할 일이 없다.

하지만 허상이었다. 몇 번인가 없는 것이 있는 듯 비치던 집들이, 그 안에 살던 사람들이, 내가 잠든 사이 일어나는 판타지였다. 다만 상수리, 알밤 쏟아져 내리는 산 아랫집 한 채만이 주인댁의 드문 발걸음 소릴 기다리고 있는 것이다. 평소 재물에 관해 그다지 욕심부려본 터도 아니나 의식을 지배하는 잠재된 것들은 무엇이란 말인가.

가끔 그런 생각을 할 때는 있다. 내가 만약 남자로 태어났다면 건물 몇 채 짓는 정도는 식은 죽 먹기라는 것. 정원 아름다운 주택은 물론 어마어마한 빌딩도 거뜬히 지어 올릴 것 같다는 것.

신도시에 입주한 뒤로는 주변의 시설들이 만들어지는 과정을 지켜보는 맛이 쏠쏠하다. 지금 이 동네는 오래된 연립단지가 헐리고 1년쯤 묵히더니, 몇 달째 땅을 파내는 중이다. 헤아려보니 지하 4층쯤 내려갔다. 새벽부터 중장비의 움직임이 역동적이다.

대형덤프트럭 열대여섯 대가 꾸물꾸물 움직이며 공손히 흙을 받아 싣고 드나든다. 얼마만큼 더 파내려갈지 11층 아파트에서 건너다보는 맛은 실로 대리만족이다. 내가 그 어마어마한 일을 하고 있는 듯 흥이 난다. 그러다보니 꿈길에까지 헌집이 척척 안 겨지는 것일까. 재미삼아 새 단장하며 살아보라고 말이다.

이전 월정재를 마련할 때에, 건축업자는 내 얼굴 보는 것이 무섭다고 했다. 수년 간 비워뒀던 친정 구옥을 수리하는 일이 녹록치 않아 일손이 더뎌지고 있는데, 시일을 끌수록 내 주문이 늘어난 까닭이었다.

"윗방에서 장독대 풍경을 보게 벽을 뚫어 창을 내줘요."

"안 돼요. 겨울철 난방비를 무엇으로 당하려고요."

"부엌도 뒷곁으로 가는 문을 살려줘요."

"앞문이 큰데다가 창이 여러 갠데, 그러면 추워서 못살아요."

"나뭇간은 냉장고 들어갈 자리로 하고, 이전 상을 차리던 마루(현대의 싱크대 상관용도)는 뜯어내고 욕실을 앉혀줘요. 그리고 창고는 보일러실로 딱 들어맞게 해주고요."

"창고엔 세탁실로도 쓸 수 있게 할게요."

이러이러하며 옥신각신 끝에 만들어진 것이 촌집 '월정재'이다. 즉, '달빛 아래 정 고이는 집'인데, 이즘엔 건강상의 문제로 그런 한유를 즐기기가 어렵게 되었다. 그렇다보니 미래의 온갖 꿈을 심듯 준비해둔 촌집의 존재어부도 불투명해졌다.

 이런 마당에 집 한 채가 더 생기다니, 아무래도 변덕부리는 마음을 잘 달래어 초심대로 걸어가라는 뜻은 아닌지 헤아려본다. 지나치게 매이지도 말고 곰팡이 슬면 스는 대로 살살 닦아내고 새 벽지를 바르며, 뒤뜰에 상수리 싹이 트면 트는 대로 천천히 뽑아내며 순리에 따르라는 의미일 게다. 완벽하려 고심하지 말고 흐름대로 형편껏 손길 내주며 설렁설렁 걸어가 보아야지.
 내게 이 답을 주려고, 없는 것도 있게 하는 재주를 누군가 부려놓았나 보다.

푸른 솔 문학 2023. 겨울호

어머니, 그 내밀한 성소(聖所)

　어머니의 손이 더러 낯설었다. 잔주름에 투박해진 그 손을 따뜻하니 잡아본 기억이 별로 없다. 11남매 중 셋째에게는 당연한 처우였다.
　일찍이 약한 몸으로 객지에 나와 월급을 타서 집에 다녀올 때의 풍경이다. 산마을 둥지에 가족들을 두고 떠나오는 영상이 애잔하다. 앞산 모퉁이만 돌면 초가의 담장 밖으로 목을 빼고 바라보는 동생들의 동글동글한 얼굴과 그 곁에서 마음자리 다독이실 부모님과 또 이별이었다. 그때부터 나는 더 이상 뒤를 돌아보지 않고 눈물을 훔치며 산모롱이 길을 걸었다. 그런데 훗날 어머니는 "어쩌면 한 번도 뒤를 돌아보지 않더구나." 하셨다.
　어느 날 초등학생인 큰아이를 데리고 가 친정집 아랫목에서 자고 있는데, 어머니가 머리맡에 앉아 두 손으로 내 손을 감싸 잡으며 하는 말씀을 나는 가만히 자는 척하며 들었다.
　"너랑 네 자식만 안 아프면 내가 죽어도 여한이 없겠다."

그 뜨거운 손길을 나는 알은 체하지 못했다.

내가 강해서 어머니 앞에 눈물을 보이지 않은 게 아니다. 딸자식이 모질어서 어머니 손을 잡지 않은 것이 아니다. '어머니'란 성소는 내게 너무도 예민한 존재여서, 여차하면 근근 버티던 얇은 막마저 터져버릴 것 같아, 한 겹 두 겹 지레 방어막을 치며 시치미 뚝 떼는 반어적 자리였다. 그 긴장마저 풀리고 나면 스스로를 지탱할 내밀한 축 하나가 힘을 잃을 것 같은 기우 탓이었다.

추석을 앞두고 친정 선산에 올랐다. 그때는 코로나 세상인데다 몸에 비상이 걸려 근 넉 달만의 장거리 외출이었다. 소주병을 들고 와 절을 한 남편이 먼저 내려간다며 슬쩍 자리를 피하고, 나는 천천히 일어나며 부모님 묏등에 눈길이 닿았다.

"죄송해요, 아파서…"

'…'

"그래도 잘 살아갈게요, 지켜봐주세요."

가슴 깊이에서부터 올라오는 한숨 섞인 이 말을 토하면서 나도 모르게 눈시울이 젖었다. 허나 흐느껴 울지는 않았다. 부모님께 고하는 약속이 결국 스스로에게 다짐하는 결의와 다를 바 없기에 빤한 답 앞에 엄살떨고 싶지 않았다.

모녀간에 무슨 격식이 그리 필요했으랴. 헌데도 나는 어머니 앞에서 항상 명랑하게 굴었다. 성장기의 어려움도 다 견딜만 했고, 어른이 되어서도 어머니의 고생보다는 내 삶이 한결 수월했기에 당연하다 여겼다. 그러나 살아계실 때는 응석받이처럼 혹은 푼수처럼 여느 집 딸들처럼 마구 치대며 속마음을 한껏 떠벌려 풀어보지 못하고, 길 뜨신 지 오래인 이제와서야 "엄마, 엄마." 하며 나직나직 불러본다.

수필세계 2023. 겨울호

네 개의 기타가 있는 방

중학교 2학년이던 아이는 스물여섯 살이 되면 결혼을 할 거라 했다. 이성에 눈을 뜨며 엄마보다 좋은 사람이 생긴 것이다. 나도 흔쾌히 그러라고 했다.

그해 봄 외할머니 생신을 기점으로 작은아이는 인생이 달라졌다. 기타를 치며 생신축하 노래를 부르는 외사촌에게 반한 까닭이다. 대학생이던 큰형이 동생들을 빙 둘러서게 하고 기타 줄을 퉁기는 모습에 매료되어 엄마를 설득하기로 맘을 먹었던가.

그날 이후 우리 집에서도 기타 소리가 나기 시작했다. 모자는 서울 낙원상가에 가서 베이스기타와 앰프를 사 들고 왔다. 처음엔 단음절로 딩~ 딩가~ 딩~ 하는 정도였으나 날이 갈수록 소리가 점점 세련되어 갔다. 뿐아니라 시험 볼 때마다 기타는 하나씩 늘어났다. 중간고사나 기말고사를 칠 때 성적 올릴 테니 좀 더 급 높은 기타를 사달라고 조르면, 나는 포기할 줄 모르는 아이의 성정을 아는지라 그러마고 약속을 했다. 번번이 시험 날이면 현관을 들어서며 큰소리를 쳤다. 점수 엄청 잘 나올 거라고, 그러니 이왕 사줄 거 미리 사달라고. 그렇게 하여 늘어난 기타가 네 개나 되었다. 말대로 성적이 쑥쑥 오른 것도 아니지만, 나도 아이와 성향이 비슷해서 이왕 사주는 거 공약이라도 걸어 한 문제라도 더 맞추게 끌고 가는 심산이었다.

고등학교도 밴드부가 있는 인문계를 골라서 들어갔다. 그러더니 입학 며칠 후엔 만면에 화색이 돌아 돌아와서는 집이 떠나가게 소리쳤다.

"엄마, 나 붙었어! 밴드부 오디션에 합격했어."

원하던 학교 들어가는 것보다 더한 쾌거였다. 그때는 우리 집 거실이 학생들 글쓰기 교실이었는데, 아이는 무릎이 쭉쭉 찢어진 청바지 차림으로 기타를 치고, 어린 학생들은 소파 위에 올라가 춤을 추었다. 내 꼬마 여제자들은 다투어 선생님 댁 작은오빠에게 시집올 거라 했다. 어느 날은 송창식의 〈담뱃가게 아가씨〉 등을 편곡하여 청소년음악제에 나가 트로피를 휩쓸어와 멤버들과 돌아가며 나눠 가졌다. 일찍이 피아노를 가르쳤더니 음감을 살리는데 도움이 됐던가 보다. 수능을 보고 나서도, 직장인이 되어서도 동료 경찰관들과 줄을 퉁기며 여가를 즐겼다. 통기타선율이 퍼질 때면 나도 아이가 되어 둥둥 떠다녔다.

그러나 업무에 치이고 승진 공부에 매진하는 사이 기타는 하나둘 없어졌다. 문밖에 내놓으면 역시 내 아들 같은 청소년들이 반색을 하며 들고 갔다. 그럴 때면 또 누구네 집안이 즐겁겠구나 싶어 뿌듯해지곤 했다.

그 아들이 이제 서른 중반이 되어 장가를 든다. 예상했던 나이보다 많이 늦어졌다. 아들에게서 아기가 태어나고, 그 아기가 청소년이 되는 동안 피아노며 기타 소리가 집안을 채울 날을 그려본다. 그때쯤이면 저의 꼼수에 쉽게도 속아주던 엄마의 젊은 날을 그려볼 수 있으려나.

수필세계 2023. 여름호

무의도(舞衣島) 실미해변에 문향(文香)을 실어

그해 여름의 추억을 되짚어 그곳으로 길을 잡았다. 잠진항에서 배를 타고 무의항에 내리자마자 소나무 숲으로 내달려 그날의 흔적을 더듬었다. 화려한 어떤 현상은 시간이 지나면 잦아들 뿐인가. 사진 속엔 고스란히 그날의 숨결이 배어 흐르는데…. 가슴에 따스한 물결이 인다.

지금은 연육교로 한 번에 닿을 수 있는 곳이지만, 그때는 여객선에 의존하지 않으면 다다를 수 없는 멀고도 가까운 섬이었다. 인천서 배를 타고, 육로를 지나 또 배를 갈아타고 도착한 섬 '무의도'. 형태가 투구 쓰고 갑옷을 입은 장수가 칼춤을 추는 모습과 같아서 붙여졌다고도 하고, 섬에 안개 낀 날이면 말을 탄 장수의 옷깃 휘날리는 현상이 여인의 춤추는 모습을 닮았다고 해서 생겨난 이름이라고도 한다. 건너편에 보이는 작은 섬이 실미도이다. 영화 한 편으로 유명해진 섬인데, 거기서 우리는 수많은 메시지를 안고 올 수 있을 거라며 부풀었다. 썰물 때 물길이 열리면 징검다리를 건너 그곳에 가기로 되어 있었다.

  해무가 발을 감는 장면은 실로 장관이었다. 그곳 실미해변에서 세미나 및 숙박을 하기로 정했다. 무의도에서 실미도를 향하고 있는 해수욕장은 잔잔한 모래사장과 수령 백여 넌씩 된 아름드리 소나무가 군락을 이루고 있다. 그 솔숲 아래의 평상을 세미나장으로 삼기로 했다. 각처에서 모이는 것만으로도 1차 사건은 시작되는 셈이다. 섬이란 특성에서 오는 어려움도 다소 따를 것이라 예상되지만, 파도소리 벗 삼아 초월하기로 했다. 소박하기 이를 데 없는 일정이지만 정신만은 한껏 풍요로 채워갈 수 있으리라 믿으며 일을 강행했다. 연회장 및 고급시설은 만나기 어려우나 우리는 문학하는 사람들이란 자부심으로 판을 열고, 나머지는 동인 간의 넉넉한 가슴으로 채워주기를 믿었다. 철썩이는 파도소리며 갯바위에 고여 있을 수많은 추억의 사연들도 헤아려 보고, 아름다운 해무 쇼를 감상할 것을 기대했다.
  『월간문학』 출신들의 모임 대표에세이문학회는 당해 연도 임기인 회장의 고향과 인접한 곳에서 세미나를 열어오는 풍습이 있는데, 이때는 인천에 거주하는 김사연 선생이 회장이고 필자가 주간을 맡고 있었다. 그 무렵 영화 〈실미도〉가 한창 떠오를 때라 세미나 장소로 영화촬영지를 밟아볼 겸 하여 그곳을 택한 것이다. 글 쓰는 사람은 보이는 것은 물론이고 보이지 않는 것에서조차 의미를 찾아 형상화시킬 수 있어야한다는 취지로, 세미나의 주제를 「수필의 형상화」라 정하고, 좀 더 세부적으로 공부하는 시간을 갖는다는 차원에서 일을 준비했다.

 드디어 6월 초순, 신록 푸르른 날에 우리들은 서해의 아름다운 섬 무의도에서 제18회 세미나를 개최하였다. "이름도 없었다. 존재도 없었다. 살려둘 이유도 없었다."는 영화 포스터 안의 메아리가 웅~ 웅~ 구슬프게 메아리쳤다. 아픔이 배어있는 섬을 배경으로 하는 것은, 억울하게 숨겨간 젊은이들의 소리를 들어보기 위함이기도 했다. 아득하게 바라다보이는 폐허뿐인 섬이지만 우리의 역사 이면을 되새겨보는 시간으로 썩 괜찮았다.

 전국에서 먼 길 마다않고 달려와 준 동인들이 고마웠다. 무엇보다도 이번 세미나의 질을 위해 좌장을 맡아준 분과, 주제발표를 위해 원고에 심혈을 기울여준 동인들께 절로 머리가 숙어졌다. 그리고 올해로 제3회를 맞는 '대표에세이문학상' 시상식을 이곳에서 거행하게 되어 의미가 더했다. 자연풍광을 벗 삼아 동인 간의 정을 물씬 느낄 수 있는 축하의 자리이니 어찌 정답지 않다 하겠는가.

 솔밭에서 소나무와 소나무 사이에 현수막을 걸고 평상에 둘러앉았다. 바닷가 석양의 운치를 한껏 누릴 수 있도록 자리를 배

정했다. 주변에 나들이 나온 사람들도 둘레둘레 모여서 세미나 자료집을 받아넘기며 동참하고 있었다. 두고두고 못 잊을 초여름 날의 저녁이었다.

숙소 문제 등 열악한 환경이라 어려움도 다소 따랐다. 주류파와 비 주류파, 혹은 코골이 선배님을 한 방에 배치하는 등 주간으로서의 내 억지도 있었지만 대체로 애교로 웃어넘겼다. 제한된 배편으로 인해 섬을 자유롭게 빠져나올 수도 없었지만, 우리는 문학이라는 공통분모를 안고 정신적 풍요 쪽에 더 무게를 실었다.

이튿날 아침, 실미도를 배경으로 현수막을 펼쳤다. 상기된 얼굴로 모여서서 기념사진을 찍었다. 그리고 물때를 잘 가려 실미도로 건너갔다. 징검돌을 밟아 바닷길을 건널 때는 모두가 아이들처럼 설렘의 도가니였다. 너른 백사장을 질러 갯바위가 듬직한데, 하롱하롱한 다홍빛 해당화가 너나없이 내면을 일렁이게 했다.

산으로 접어드니 낮은 등성이에 오솔길이 가늘게 나 있다. 키 작은 다복솔들이 모처럼 찾아온 손님들과 어깨를 결는다. 얼굴에 와 닿는 까슬까슬한 솔잎이 꼭 고향 뒷동산의 그것 같았다. 젖먹이 동생을 업고 화전에서 일하시는 어머니 찾아다니던 길에 아기 얼굴 찌를세라 더욱 조심했던 솔잎 가지들⋯. 주책으로 별

의별 곳에서 다 향수에 젖는 내가 의아했다.

　마침내 건너편으로 언덕을 내려서자, 영화〈실미도〉촬영소란 팻말이 나오고, 실제 이곳에 갇혔던 군인들이 먹었다는 우물이 나타났다. 나는 한창때의 장정들이 귀양살이나 마찬가지로 섬을 벗어나지 못한 곡절에 가슴이 아려왔다. 무의도에서 새댁시절부터 살아왔다는 노인은, 장정들이 헤엄쳐서 바닷길을 건너다가 붙잡혀가는 것을 목격했다고 증언했다. 우리가 들뜬 마음으로 찾아간 곳은 그렇게 아린 흔적을 아우르고 있었다.

　다시 찾은 무의도 실미해변, 징검돌 쪽의 모퉁이를 돌아치는 파도 소리가 차분하다. 차르, 차르르, 차르… . 지나간 일들을 얌전하게 다독이고 있었다. 혹독했던 군인들의 훈련지 실미도도 문학인들의 깊고 아름다웠던 그 여름밤도 다소곳이 격정의 깃을 내리는데, 철 잊은 해당화 떨기가 키를 낮추어 무어라 조곤조곤 속삭이고 있었다. 그사이 작고하신 선배 문인들의 수가 늘어나며 추억으로 남은 사진 한 장만이 열정을 삭여대던 그날의 문향을 증명하는데, 그대로 돌아서기엔 못내 아쉬워 다시 뵐 수 없는 분들의 성함을 한 분 한 분 뇌어보았다.

　'그토록 문장의 결을 가다듬으시던 김수봉 선생님! 젊은 감각의 김 학 선생님! 맑은 영혼의 소유자 정주환 선생님! 천성이 순하신 장생주 선생님! 홍이 넘치던 한석근 선생님! 많이 그립습니다. 이렇게 대표에세이의 그 여름날도 실미도 역사의 한 페이지에 조용히 획을 긋고 있습니다.'

에세이21 2023. 여름호(추억의 사진 한 장)

2장
내 어이 너의 푸른 몸을 보았더뇨

정길희 作

밤기차와 연꽃

내 어이 너의 푸른 몸을 보았더뇨

봄날, 사랑을 말해볼까

샛문

꽃길

시는 무드(mood)야

뭉클하다

묵시(默示)의 계(戒)

의식의 전환

젊은 날의 노트

밤 기차와 연꽃

밤 열차엔 꿈과 낭만이 앞장선다. 두려움과 설움도 덩달아 온다.

내가 처음 타본 열차는 호남선이다. 두계역(현재의 계룡역)에서 영등포역까지 탔던 아련한 기억은 형용키 어려운 떨림을 우르르 동반한다. 그 밤차를 타기 위해 산마루격인 우리 동네에서 십오 리 길을 걸어 나와야 했다. 어둡기 전에 도착한 외당숙 댁에서 야심한 시각이 오길 심심하게 기다렸다. 낯선 사람들과 저녁을 먹고 멀거니 시간을 축내다가 전라도 쪽에서 올라오는 밤11시 차를 타는 것이다. 그러니 목적지에 도착하기 전부터 이미 타인들 속의 내밀한 나를 단속하느라 신경 줄이 곤두섰다. 안온한 둥지 안에서 밖을 향한 이동은 그렇게 웃음기 없이 시작되었다.

새벽 네시쯤 내린 영등포역에서는, 전철운행시각까지 또 기다림이 수반되었다. 집안의 경제를 책임지고 동생들의 앞길을 닦아 주겠다는 포부와는 달리, 앞으로 닥칠 일을 예상할 수 없어 두려움이 지배적이었다. 이제부턴 부모님 그늘 아래의 둥지가 아니라는 점이 적잖이 불안하게 했다.

그럭저럭 스무 살 무렵인가. 서대전역인지 대전역인지 승객들이 내려서 가락국수를 먹고 출발하는 밤 기차가 있었다. 그날은 나도 허둥지둥 서서 그 대열에 끼였다. 구수하고 꿀맛이었다. 가까스로 허기를 면하고 고개를 들었을 때, 침목 건너 어둠 속으로 시선을 빼앗겼다. 난데없는 광채에 가슴이 벌렁거렸다. 우아하기 이를 데 없는 분홍 꽃송이! 나는 절로 "히야~." 하는 감탄사를 터뜨렸다. 누군가가 '연꽃'이라 했다. 그것이 연꽃과의 첫 해후였다.

이후로 이상세계와 내리눌리는 현실적 무게 속에서 가끔씩 그 연꽃이 떠오르곤 했다. 앞길에 대해 막막할 때에 마주한 어떤 안내자의 손짓과도 같이, 그 메시지는 분명 환희였다. 애써 눌러 둔 내면의 감성을 거침없이 깨워댔다. '피어봐. 반드시 필 거야. 꼭 그리 될 거야.' 속살거리며 무한한 응원을 보내왔다.

그 뒷배를 믿은 나는 채 만져지지도 않던 촉을 더듬더듬 찾아내어 어루만졌다. 칙칙해 안을 가늠할 수 없는 연못일지언정 진흙을 고르고 가다듬으며 정성을 다했다. 그러다보니 이즈음 그날 밤의 꽃봉오리가 몽글몽글 대궁을 밀어 올리는가 싶다.

지금도 기차역에 서면, 철길 가를 서성이는 소녀가 보인다. 돈 벌어 동생들 학비를 대며, 책갈피에 코피를 쏟던 암팡진 아이도 일어나 둥싯거린다. 헌데 세월은 흘렀어도 어려운 입장에 처한 오늘날의 청춘들에게는 어떤 이야기를 전해줘야 할거나. 아예 내가 그 밤 역사 주변의 연꽃이 되어, 곤곤한 가슴자리에 닿을 박수를 보낸다.

수필세계 2023. 겨울호

내 어이 너의 푸른 몸을 보았더뇨

솔밭으로 소피보러 갔는데 내가 앉은 자리가 그만 네가 누운 옆자리였다. 푸른 눈에 푸른 몸을 하고, 포동포동 살진 몸 전체에 크고 작은 광채의 물방울무늬가 선명한 너를 보고 말았구나. 놀라움은 잠시이고, 쭈그려 앉은 이상 쉽게 일어설 수도 없는 일, 네가 이곳에 온 연고에 대해 추적하지 않을 수 없더구나.

해 질 녘, 밭일을 마치고 트럭에 올라 산 아랫자락 거친 길을 돌아내려올 때면 가축 사료용으로 키우는 풀밭에 누런 송아지 몇 마리 뛰어다녔지. 우리 부부는 "아! 송아지다." "노루다." "고라니다." 하며 탄성이 터지고, 결국은 고라니 떼로 일단락 지어졌지. 길을 멈추고 한참이나 너희들의 향연을 구경했었구나. 아예 우리가 너희가 되어 초원을 뛰놀았지. 한 마리, 두 마리, 세 마리… 일곱 마리.

그 후 다시는 그런 무리지은 모습을 만나지 못했구나. 풀밭을 보면서 괜히 너희들이 기다려지곤 했지. 주말 농사를 지으러 다니는 얼치기 농군에게 좋은 친구가 생긴 셈이었단다. 어느 때는 새참 먹는 내 등뒤에까지 살금살금 다가오고, 어느 궂은 날엔 어디서 못된 것을 먹고 왔는지 마늘밭 귀퉁이에서 백골이 되어 이 친구를 철렁하게 하고 말이지. 콩이며 옥수수며 고구마 등속을 내주어도 그러려니 했는데, 너희들이 잘못되어가는 모습을 확인할 때면 가슴이 아팠단다. 목이 붓나고 가슴이 타들어 쫓겨 온 곳이 무농약의 우리 밭이더냐. 아니면 은연중에 정 붙은 친구의 "에끼! 저리 가서 놀아라!" 하는 질책 섞인 음성이라도 듣고 싶어 왔던 게냐.

그날은 이른 아침 도착하여 차를 세우고, 밭에 들기 전 생리현상을 해결하려 몸 숨길 곳을 찾았던 거란다. 헌데 그곳에서 너무도 낯선 너의 푸른 몸을 보았던 게여. 처음엔 애가 낮잠을 자나 했단다. 그러나 미동도 없는 게여. 또 사달이 났구나 싶었다. 남편에게 푸른색의 고라니도 있나 물으니, 한심하다는 듯 눈을 흘기던 걸. 어디서 또 뭘 잘못 먹은 게여.

그리고 10여 년이 지나는 동안 나는 너의 푸른 몸을 잊어본 적이 없구나. 아름다운 꿈에 차 있었을 맑은 눈동자와 늘어나던 푸른 반점이 지워지지 않더구나. 그리고 그 무늬는 애달프게 각인되어 아직도 너를 조문하게 한다. ─세상의 숨 붙은 순한 생명들이여! 오늘도 안녕하기를.

수필세계 2023. 여름호

봄날, 사랑을 말해볼까

가슴속의 보물을 내보이는 것은 바보나 하는 짓이다. 그것은 내보이고 싶어도 가만히 안고 느끼면 된다. 그래야 내 안에 샘이 고인다. 이것이 바로 사랑이다.
—사십 중반의 「필자어록」 중에서

친정아버지 돌아가시고, 고언(告言)을 구할만한 어른의 부재에 고심하던 나는 수원화성 성곽 주변을 서성이고 있었다. 그러다가 행궁 맞은편 그럴싸하게 간판 달린 철학관 문을 밀었다. 고전중인 남편의 사업장 이전 문제라든가 이삿날 택일에 대해 조언을 얻기 위해서였다.

아버지 생존 시에는 남에게 따로 물을 필요가 없었다. 자식들 얼굴색만 보고도 무엇이 고심이냐 물어 마음자리를 살피시니, 특별한 해결책이 나오지 않아도 번민하던 일들이 슬며시 가라앉곤 했다.

눈빛이 부리부리한 중년의 남자가 맞이한다. 나는 그를 살피고 그는 나를 살핀다. 모자를 쓰고 있는 내게 이마를 살짝 올려보라기에 나는 멋쩍어하면서도 채양을 슬며시 걷었다. 일순 그의 얼굴이 환해졌다. 관상 보이러 간 것이 아닌데 나는 얼김에 이마까지 노출시키고 말았다. 당시 나보다 20여 살 연배로 보이는 그는 만면에 미소를 띠며 "콧날이며 눈매며 눈썹선이며 입매며 이마까지 관상 좋고!" 한다. 그러고는 생월생시를 대보란다. 일이 이상하게 흘러가고 있었다. 남편에 대해 도움이 될까 했던 초심은 어디로 가고 아예 그럴 짬을 놓쳐버렸다.

"개나리와 진달래네요!"

"네?"

"사주가 개나리와 진달래라고요. 하하."

참나 원, 어려서부터 어른들로부터 들어온 말이 있긴 하나 이렇게 원색적으로 꽃과 비유하다니… 좀 어이가 없었지만 이왕 일이 이리 된 것 어디 들어보기나 하자 싶었다.

"하는 일이 그리 표현된다고요. 색감이 확실해 내면을 그렇게 그림 그리듯 산다고요."

듣고 보니 그럭저럭 맞아 들어가는 것 같기도 하여 한바탕 웃고 나왔다. 세상사 상징적인 것들이 글의 세계와 연루되던 때이나, 꼭 그렇지만은 않은 것도 있는 것이 인생이지 않던가.

돌아오는 길은 이미 저물어 버스차창 밖 달빛이 슬금슬금 따라오고, 내 안에서는 뜨끈한 파도가 일렁이고, 지그시 눌러뒀던 개나리와 진달래는 화들짝 피어 사방 천지에 물결을 이루고 있었다.

노랑과 분홍빛의 꽃물결을 타고 풋풋하게 사랑물 든 글이 거침없이 솟구치던 20여 년 전의 그날, 한 대담자에게 밖으로 새지 않을 말자루를 웬만큼 열어보였던가. 너무도 귀하고 푸르러서 세상에 차마 내보일 수 없는 보물 같은 사연 한 토막을 복채 몇 푼 앞에 놓고, 표정으로 다 들킨 것 같아 지금 돌아보아도 겸연쩍기 그만이다. 헌데도 인생길 그쯤이 황금기로 여겨지니 이를 어쩔거나.

또 개나리 진달래 피는, '봄'이라 말하기도 아까운 생동의 계절을 앞두고, 달빛 아래서조차 숨 달싹이던 그날이 마구 내달려오는데 사태 났다, 사태 났어!

창작수필 2023. 봄호

샛문

 참 매력 있는 말이다. 방과 방 사이, 부엌과 마루 사이, 정식 문짝보다 자그마하게 달려 있는 통로. 어머니가 김 오른 밥상을 차려내면, 문턱 오르내리는 수고를 덜어 이편의 식구들이 번쩍번쩍 받아 올리던 시끌벅적한 정이 스민 곳. 무심코 지나칠 수 있는 이 소박한 소통의 공간에 마음 종종 붙들린다. 그래서 시골 집 부엌을 현대식으로 수리할 때조차 외양상 그 나무 샛문을 살려두었다. 마루에서 보면 금세라도 문고리를 열고 부엌으로 기웃기웃할 것 같다.
 근 십 리나 걸어 다니던 초등학교 교문은 등교 시간에 제대로 들어가 본 것이 졸업 때까지의 비율로 따져 절반 정도밖에 안 된다. 시작종 울리기 전에 도착하려면 학교 뒷산 오솔길을 지나 관사 앞으로 해서 쪼르륵 미끄러져 뛰어다녀야 했다. 선생님들이야 정문으로 다니라고 누누이 이르시지만, 그 반대 방향에 사는 아이들은 말을 들어먹질 않았다. 정문은 급할 것 없는 하고 때에나 친구들과 수다 떨며 나서는 곳이었다.

　이뿐 아니라 울타리 사이사이엔 개구쟁이들이 드나드는 구멍이 반질반질했다. 이 역시 선생님들은 난색을 표하며, 그건 강아지들이나 하는 짓이라 했다. 그런다 하여 정교한 나무 사이로 드러난 흙바닥에 새 나무가 자라지 않았고, 다른 방법으로 그 애교스런 구멍을 메우지도 않았다. 악동들을 바르게 가르쳐야 하니 엄포는 놓았지만. 선생님들도 슬쩍슬쩍 눈감아 주셨던 것 같다. 얌전하기로 정평이 나 있던 나야 그런 속된 구멍으로 드나들어 보진 않았으나, 남자애들이 몸을 낮춰 쑥 들어가고 쑥 나오는 걸 보면서 따라해 보고 싶은 충동은 느낀 적이 있다.

　유년기의 추억은 평생을 가는 것일까. 가끔 꿈속에서도 학교 후문격인 그 언덕바지를 미끄러지는 쾌감에 잠길 때가 있다. 아련한 옛일이건만 정문보다는 다소 자유로웠던 그 길에서 곧잘 상념에 잠기곤 한다. 비 내린 뒤에는 진흙바닥에 엉덩방아를 찧으면서도 호젓한 길 향기가 좋았던가 보다.

　이 지역 안양과 의왕의 경계 사거리에는 오래전부터 교도소가 자리 잡고 있다. 거대한 콘크리트 담장을 지나 철재울타리 건너편으로 의왕시에서 조성한 소공원이 있다. 어쩌다 이곳이 산책코스가 되었는데, 주변의 노인들과 인사를 나누게 되었다. 공원을 지나 저 아래 운동장에 가서 한 바퀴 돌면 운동이 끝난단다. 운동장은 어디냐며 거기는 교도소 아니냐고 반문하자 한 할머니가 눈을 질끈 감으며, 주민들이 왕래할 수 있는 조그만 문이 있단다. 그 금기된 곳을 출입하다니, 결혼하여 근 사십 년이나 이 일대를 지나다니면서도 나는 너무도 실상을 모르고 살았던 방안퉁소였나.

드디어 그 길을 걸어보기로 작정하고 사거리부터 방향을 잡았다. 처음 걷는 길은 언제나 떨린다. 앞에 어떤 현상이 열릴지 기대심리일 수도 있지만 이런 모험이 재미있다. 건물 사이를 지나자 말만 듣던 교도소 정문이 보인다. 출입구 윗머리 파랑 바탕에는 "사랑으로 품어 바르게 보내겠습니다." 하는 문구가 또렷하다. 가슴이 따스해진다. '그래, 품어야지. 그리고 바른 사람이 되게 교화하여 돌려보내주어야지.' 그 말이 믿음직하다. 이쪽과 저쪽의 입장을 헤아려보게 한다.

가까이 가면 안 될 것 같아 우회하여 걷는다. 아니나 다를까, 너른 운동장이 펼쳐지고 제법 많은 사람들이 웅성거린다. 허나 초행길인 나는 큰 울에 갇힌 듯 조바심이 일어, 만나는 이들에게 집으로 오는 방향을 물었다.

"이리로 가면 저리로 나가는 통로가 나오나요?"

안내받은 대로 이편 끝점에 이르니, 사람들이 아무 거리낌 없이 언덕바지 쪽문으로 들고 난다. 그 예사롭지 않은 문을 처음

관통하는 나로서는 어떤 금지의 땅을 디뎌온 듯 눈이 확 뜨인다. 주민들의 편리를 도와 이곳을 개방한다는 안내 문구가 정성스럽다. 널따란 부지의 교도소가 날로 발전하는 아파트단지에 에워싸이다 보니, 서로 공존하는 방법을 찾은 모양이다. 하여 견고한 울 한쪽을 터서 여닫이문을 달아 주민들의 통행을 돕고 나처럼 소심한 사람도 지나게 하고 있었다.

샛문은 어감부터가 사랑스럽다. 그 어휘 안엔 상대에 대해 배려하는 사람들 간의 정성스러움이 배어 흐른다. 딱히 한 마디로 잘라 말하기 어려운 훈훈한 정서가 샛문턱엔 어엿이 존재한다. 구옥의 작은 문으로 식솔들의 먹을거리가 나오고, 첫 시간 지각을 면한 아이들의 웃음소리가 번지며, 자유와 구속의 경계에서 겸손해지는 마음자리를 확인하게 되는 곳이 도심 속의 이색적인 사잇문이다.

잊고 지나는 일상 속에서, 혹은 인생길 굽이굽이에서 서성거려본 의식의 샛문은 그간 몇 개가 되려나.

좋은수필. 2023. 4월호

꽃길

목련꽃 하얀 날, 정문 앞 좁은 길목을 거대한 버스 한 대가 빠져나온다. 그 옆을 지나는데 버스 옆구리에 '법무부 호송차량'이란 글씨가 선명하다. 누가 또 무슨 죄를 지었기에 이곳에 부려두고 가는 것일까.

지난해 찬바람 불던 날, 갑작스레 고정이던 병원을 옮기게 되었다. 의료행위도 수지타산이 맞아야 한다는 기존 병원의 용단에 따라, 끈 떨어진 서른여섯 명의 환자는 각기 사정에 맞춰 제3의 곳을 택해 이동해야 했다. 나도 여러 가지 드나듦이 수월한 여건을 따져, 승용차로 10분 거리의 시내에 인접한 병원을 골랐다. 새로운 의료진과 내 몸이 적응하느라 심장 조여드는 고초도 겪었지만, 놀란 심신을 달래며 받아들이는 수밖에 없었다. 선택의 여지란 이럴 때는 해당되지 않는 말이다. 주어진 환경에서 최소한의 욕심으로 맞추어가는 것이 최상의 삶인 것이다. 신장투석

환자들에겐 특별한 일 생기지 않고 지극히 평범한 일상일 때 비교적 커다란 감사가 따른다. 일이 그렇다 보니 좋으나 싫으나 주3회 발길이 안양 호계사거리를 배회하게 되었다. 이처럼 건강 문제로 매이지 않은 사람이면 모두가 자유롭겠다 싶었다.

그날은 옮겨간 병원에서 첫 치료를 받고 나와 지친 몸을 진정시키기 위해 낯선 음식점을 찾아 들어갔다. 주문을 마치고 앉았는데 가방 하나를 어깨에 올러멘 청년이 쭈뼛쭈뼛 주변을 살핀다. 얼핏 보아도 눈빛이 편치 못하다. 그러더니 바로 나갔다가 다시 들어와 메뉴 가격을 묻는다.

"여기서 가장 싼 게 얼마예요?"

"6천 원."

"에이, 안 되겠네요."

"얼마 있는데?"

"5천 원이요. 조금 더 있는데 집에 갈 차비도 해야 하고…."

말끝을 흐리며 돌아서는 청년을 식당 매니저는 멀건이 바라본다. 순간 딱한 내 사정은 어디 가고 마음이 그에게로 쏠렸다. 요즘에도 밥 한 그릇 값이 부족해 저렇게 안타까운 젊은이가 있구나. 그래, 집을 나왔다면 귀가할 차비는 물론 남겨둬야 하겠지. 그럼, 그렇고말고, 집엔 가야지. 암.

그때까지만 해도 새파랗게 젊은 사람이 규모 없이 저러나 싶었다. 그러다가 아차! 흔들리는 눈빛과 박박 깎은 머리모양에서 예사롭지 않음을 깨달았다. 이곳은 다름 아닌 안양교도소 맞은편이란 말이다. 그래서 교차로 이름이 교도소 사거리로도 불린다. 이제 막 출소한 사람일 수도 있겠다는 생각이 섬광처럼 스쳤다. 나는 재빠르게 매니저에게 신호를 보냈다. 밥값 걱정말고 한 그릇 든든히 먹여 보내라 했다. 그리고 나도 열심히 뱃구레를 채우고 그가 알아채기 전에 서둘러 음식점을 나왔다. 헌데 부른 배보다도 가슴이 더 벅차올랐다. 순발력 있는 생각의 전환에 스스로 박수를 치고 있었다.

개방된 주차장 언저리, 요즘 묵은 산수유 울타리가 노랑 구름이어서 그 길을 자주 지나다닌다. 너른 운동장을 비켜나면 소년원 긴 담장이 높다랗다. 그 위로 촘촘한 철조망이 견고하다. 담장 옆을 지나는 동안 한 번도 그 안을 궁금해하지는 않았다. 인생 격동기에 판단을 바로 못해 어그러진 일을 초래한 청소년들에게, 마음 잘 먹고 몸 성히 있다가 나와 꽃길만 걸으라고 속말을 넣을 뿐이다.

이날은 축축 늘어진 능수버들의 초록 눈에 동화되어 오르막길에서 숨 돌리며 뒤돌아보던 중에 담장 안쪽을 보고 말았다. 가슴을 한 차례 쓸어내린다. 분홍지붕 아래 깃든 소년·소녀들이

순하게 교화되어 담장 밖으로 나갈 날을 꿈꾸고 있겠지. 뜰 안 매화나무에서 피워낸 흰 꽃송이들이 쓸쓸하게 햇빛을 받고 있다. 열린 곳과 갇힌 곳의 말 없는 대비 속에서 꽃길만이 환하게 묵시의 길을 열고 있었다.

창작수필 2023. 여름호

시는 무드(mood)야

—시인 故 채수영 선생을 기리며

망설임 끝에 진노랑 프리지아 다발을 사 들고, 선생의 숨결이 밴 이천 '문사원' 앞에 가서 전화를 드렸다. 나는 태연을 가장하나, 선생의 어조엔 단호함이 배어 흘렀다.

"아, 내가 지금 서울서 치료중인데 면역력이 떨어져 아무도 안 만나요."

그랬다. 코로나19 대유행 속에서 문병 한 번도 못하고 기도만 보태드리는 것으로 응원을 대신했다. 그리고 집에서 선생의 『담담록』을 탐독하며 종종 안부 문자를 올렸다.

그해, 팔순을 넘긴 선생의 건강이 고전중이라는 소식을 들었다. 그러나 코로나 세상에 운신의 폭이 자유롭질 못해 안타까운 노릇이었다. 그런 중 이른 봄날, 페이스북에 새로 올린 내 프로필 사진이 반가우셨던 모양이다. "시한부 판정을 받고 입·퇴원을 거듭하다 지금은 집"이라는 메시지가 달려 있다. 가슴이 철렁

했다. 무심히 보낸 세월에 회한이 일었다. 만 가지 의중 담긴 메시지가 읽혔다. 지난여름, 입원 가방에 내 신간을 넣어가 다 읽었다며 격려하시던 음성이 귀에 쟁쟁하다. 시와 산문, 평론을 쉼 없이 써오신 선생은 단호한 어조로 "열심히 썼으니 이제 가도 미련 없네!" 하셨지만, 어찌 초연할 수 있으랴.

어느 날인가는 병원서 무료하니 내 다른 책들을 보내 달라하셔서 감사한 마음으로 책을 꾸리면서도 만감이 교차했다. 얼마 남지 않은, 귀하디귀한 생의 자락을 붙잡고 이 후배의 정신적 결을 읽어주신다는 점에 송구스러웠다. 그나마 책을 읽을 수 있는 기력에 감사의 마음을 전했다.
"선생님! 모쪼록 기운 아끼셔요."
그리고 석 달 후 내 책 몇 권을 다 읽었다는 답신이 왔다.
오래전 부안 문학행사에 다녀올 때 채수영 선생은 나를 '단수필의 대가'라고 추켜세우신 일이 있다. 어디서든 말할 기회 있을 때마다 내 단수필 『소낙비』를 논한다고. 내가 낙향을 이야기하자, 꼭 그래야 하는 이유가 있느냐며 서서히 준비하라 하셨다. 그 무렵엔 가정의 우환에 시름겨운 내가 도시를 벗어나보고자 갈망하고 있을 때였다.

생·사의 기로에 선 사람들 간에 위안이 되는 일은 무엇일까. 건강 면에서 고전을 겪고 있는 나는 한동안 그것에 대해 궁리했다. 그리고 어쩌면 두려움에 지배당할 수 있는 현실 앞에서 최면을 거는 것으로 선생과 소통하고 있었다. 작고하시기 전에 기쁨 하나라도 얹어드리고자, 편집 일을 맡고 있는 『한국수필』 '이달의 시' 코너에 선생의 「책 냄새」를 발췌해 수록하기도 했다. 문학적 서정이 좋아 여러 문인들에게 귀감이 될 것이란 취지에서였다.

젊은 날/ 헌책 장사로 살았다/ 누런 종이에 희미한 활자/ 침 묻혀 넘기던 쪽마다/ 바스락거리는 사람 냄새가 있었다/ 죽죽 빨간 연필로/ 잊지 않으려 밑줄 그은 헌책이 외려/ 새 책의 윤나는 밋밋함보다/ 오래고 오랜 정신의 불빛을/ 등대로 비추고 있었으니/ 헌책의 냄새는/ 지혜의 다정한 손짓이다
—채수영 詩 「책 냄새」 전문

그 후 두 차례 안부의 글월을 더 올렸다. 그러나 답신은 더 이상 오지 않았다. 이어 가을 깊은 10월의 마지막 날, 선생의 부음을 접했다. 천생 시인으로 이승을 떠나시는 날조차 그렇게, 사색에 젖는 계절의 융숭한 대접을 받는 듯이….

선생을 보내드린 지 벌써 일 년. 지금도 탄력 있게 운전하시던 어깨가 눈에 선하다. 위트 넘치는 말씀도 귀를 울린다. 금세라도 "시는 무드야!" 하며 씽긋 웃으실 것 같다.

한국문인 2024. 4,5월호

뭉클하다

그랬다. 뜨끈한 것이 가슴을 채웠다.

살아오며 애끓는 일에 직면할 때면 번번이 다시는 못 웃을 줄 안다. 일일이 그 경중을 따져 저울질할 순 없지만 혈육 간의 이별 앞에서 더욱 그렇다. 감성이 이지러질 대로 이지러져 "난 사람들이 웃으면 따라 웃고 그들이 울면 따라 울었지. 해 뜨면 들에 나가고 해 지면 집에 들었어. 그 양반 일찍 세상 뜬 후로 나는 사람들 표정을 그저 따라했을 뿐이야." 하시던 팔순의 이모님 회고가 폐부에 와 닿는다. 일찍이 청상이 되어 어린 자녀들과 막막한 세월을 보내온 술회에 경건해지곤 했다.

나는 닥쳐올 건강 문제에 대한 두려움으로 심히 저항할 때가 있었다. 생각에 생각의 끈을 붙잡고 번민에 차 있다가 결국 답을 얻어 일상을 되찾은 것은 '그래도 너, 잘 웃잖아? 또 웃게 될 거야. 스스로를 믿어봐.' 하는 내면의 소리를 들은 후부터였다. 그러고 나니 응원의 메시지를 보내오는 지인들에게 의연히 답을 할 수 있었다. 원로 선배님의 염려 전화엔 젊은 것이 아프다고 소문난 게 송구하여 목이 메었지만, 겉으로는 "제가 잘 웃는 병도 있으니 기다려보세요." 하고 웃으며 대꾸했다. 그렇게 되기까지 부대낌의 시간이 짧지 않다.

그런데 살아가는 길에 가슴 아픈 일은 도처에서 불쑥불쑥 고개를 들이민다. 온유한 성품에 반듯한 생활을 하는 큰동생이 별안간 세상을 떠났다. 너무도 급작스러워 가족 간에도 인사 나눌 경황이 없었다. 제 아내가 보는 앞에서 쓰러지며 "어~어~." 한 것이 전부였다.

  이후 호되게 앓았다. 입맛을 잃었고 목소리도 잠겼다. 동생을 놓치고, 그때 악다구니 쓰며 울어 젖히고는 목소리가 석 달가량 나오질 않았다. 애매한 코로나19를 의심하고, 감기 후유증이라 하고, 그러다가 정신 가다듬고 헤아려보니 그날 이후부터란 것을 깨달았다. 갑작스러운 놀라움에 질릴 때, 기가 막힌다거나 말문이 막힌다는 말을 흔히 한다. 이리저리 해석해보아도 수수께끼 같은 일에 맞닥뜨리면 입이 절로 굳어간다.

  투석치료차, 하루 걸이로 만나는 간호사들에게 내 목소리 안 돌아오면 어쩌나, 그나마 믿는 밑천이라곤 목청뿐인데 이렇게 구국거리는 산비둘기 소리나 내면 어떡하나 하였다. 그러면 주사바

늘 찌르는 실력이 하느님 같은 베테랑 간호사는 눈이 초승달이 되도록 웃으며 잘 돌아올 거라고 걱정말라 했다. 석 달쯤 지났을까. 그런 날이 언제였나 싶게 음색이 트여 있었다.

사람은 일생에서 목소리가 잦아들 만큼의 슬픔을 몇 번쯤 맞으며 사는 것일까. 산 사람들 간에야 크게 억울한 일이 아니라면 서로 풀지 못할 매듭이 없을 것이다. 그러나 이쪽과 저쪽의 구별이 확연한 이별을 겪으며 떠받히던 축이 무너져 내리지 않을 수 없다. 일차적으로 피할 수 없는 부모님과의 결별이야 가슴은 에이지만 그렇다 치고, 혈육 간에 그것도 아랫사람을 잃는 경우는 그 설움의 폭이 몇 곱으로 증폭되어 말로 형용키 어렵다. 어려운 시대를 함께 디뎌온 공감대 하나가 뚝 잘려나간 격이다.

며칠 전엔 세상 뜬 가족들이 꿈속에 보였다. 보다 젊은 모습으로 길 뜬 지 일 년여 된 동생과 부모님이 등장했다.

동생은 음식물 독성을 염려했다. 무언가 잘못 먹은 것이 탈이 나 해독약을 구해야 하는데 시간이 촉박하여 이미 시한부 선고가 내려졌다. 단시간에 약재를 구하지 못하면 내부 장기가 달아올라 생존이 어렵다는 것이다. 식구들이 우왕좌왕하는 사이 동생은 한 차례씩 목구멍으로 불기둥이 치올라 그걸 삼키느라 안색이 상기된다. 그러면서도 식구들에겐 태연을 가장하며 괜찮다고 한다. 이를 어쩌나? 애를 태우는 사이 그는 조금씩 인상이 달라져 가고 있었다. 헌데 정신을 가다듬고 자세히 보니 금쪽같은 내 동생이 아니다. 동생 모습을 한 닮은꼴의 타인이 망인의 인품이 탐나서 흉내내보았다 한다.

꿈길엔 엉뚱한 이야기도 그럴싸하게 만들어질 때가 있다. 산 사람들의 총천연색 세계보다도 다양한 저편의 서사를 몰고 와 당위성을 부여할 때가 있다.

위에서처럼 실체가 불분명한 꿈을 꾸고도 가슴은 불같이 뜨겁다. 내게 잠시나마 동생의 모습으로 다가왔던 그 허상마저 고맙게 여겨진다. 환영(幻影) 자체로 나를 한동안 일렁이게 한다. 잠은 이미 깨었지만 하루 종일 가슴속에서 몽글몽글한 기운이 피어오른다. 울컥울컥 뜨끈뜨끈한 큰 덩이들이 토해질 것 같다.

오랜만에 맛보는 그리움의 실체. 그립다 보고 싶다하는 말조차 사치스러워 떠다밀기 급급했는데, 정면으로 마주할 수 없었던 사람이 심장부에 불을 지핀다. 세상의 그 어떤 감동스런 수식어보다 만 배는 찐하다.

이럴 때 뭉클하다는 감정이 적중한 것일까. 지극히 보편적인 언어 '뭉클하다'를 우리는 사람 사이에서 얼마나 표현하며 사는가. 한 자락 꿈에 의지해 맛본 솔직한 감정이 귀하게 나를 붙드는 푸른 날이다. 이젠 꾀꼬리 노래 같은 음색이 새어 나올 것 같다.

문예바다 2023. 여름호

묵시(默示)의 계(戒)

　주변에 사람은 있는데 말조차 새어나오지 않는다. 자력으로 돌아누울 수조차 없다. 코앞에서는 한 꼬마가 안타까이 바라보고 있어, 그 아이에게 나를 좀 일으켜달라고 눈빛으로 호소했다. 다행히 알아차린 아이가 작은 손으로 내 등을 받치고 용을 쓰며 일으켰다. 휴, 숨이 돌아왔다. 새벽 네 시다. 머리맡엔 스탠드가 불 밝힌 채 환하고, 문학 인생 30년 만에 가려 묶은 수필 선집이 전날 받은 그대로 베갯머리를 지킨다.

　이게 바로 죽음 체험인가. 갑자기 온몸 근육의 힘이 쫙 풀린다. 그러면서 숨이 잘 쉬어지질 않았다. 쌩쌩하다 여기던 몸이 순식간에 이렇게 기운이 빠져 숨져가는 것일까? 의식이 육신의 걷잡을 수 없는 소멸체험에 다다른다. 실제 죽는 것은 아니지만, 죽음은 이렇다는 경고성 메시지 같은 암시를 느낀다. 스스로 그리 판단하고, 더욱 몸을 잘 돌보며 살아야겠구나 하고 다짐하게 된다.

그런데도 간밤 일이 자꾸만 따라붙는다. 꿈이었나, 현실이었나. 곱씹다보니, 죽음이란 이렇게 '의식이 끝까지 살아 주위를 살필 수도 있겠구나.' 싶다. 육신의 기가 다해 슬며시 잦아드는 순간에는 제아무리 총명한 의식의 소유자라 한들 별 수가 있으랴. 그저 공손히 두 손 가지런히 모아 잡고 승복하게 되겠지. 새벽부터 일어나는 화두 하나가 골똘히 머리를 채운다.

그간 혈육 간의 이별을 네 번 겪었다. 일찍이 서른 초반의 남동생은 교통사고여서 임종을 못 했고, 70대의 아버지는 오랜 병고로 다리 절제술을 여덟 번 거치며 6년여를 사셨는데, 당신 가실 날을 예견하신 분이다. 묏자리를 손수 잡아 가묘를 만들고, 일을 도와준 중장비기사에게 "내 집을 잘 지어줘서 고맙다."는 장문의 편지와 용돈을 건네어 감동을 낳은 어른이다.

어머니는 8순 생신을 달포 앞둔 날, 가족들 앞에서 지극히 행복해하시다가 불시에 돌아가셨다. 앓지도 않은 분이 심장쇼크가 왔을 때, 상황판단을 섬광과도 같이 했다면 이해가 되려나.

"한번 왔으니까 가야지! 엄마, 이대로 가면 최고지! 잘들 하고 살아라." 하는 명언을 속사포처럼 남기고 저편에 드셨다. 하지만 아무리 짧은 시간이라 해도 홀로 겪어야 하는 마지막 그 길이 얼마나 두려웠을까.

이후 또 청천병력같이 바로 아래 남동생이 육순에 갑자기 잠들었다. '나, 간다.'는 신호도 없이…. 그 일로 나는 삶과 죽음의 경계를 허물며 그리움에 잠기다가, 이즘에야 겨우 현실과 마주해볼 용기를 내는 중이었다.

헌데 떨어내지 못한 잠재의식이 이런 꿈을 부른 것일까? 아니면 내가 실제로 숨이 막혔던 걸까? 이젠 꿈이라고만 치부하기엔 맘 놓지 못할 식견이 트여 생각에 더욱 골몰하게 된다. 불의의 사고가 아니고 자연스런 신체의 노쇠로 그런 날이 온다면 아마도 이러할 것이라는 암시를 맛본 아침이다.

5, 6년 전 그날은 나고 죽는 문제에 대해 생각이 꼬리를 물던 때였다. 의지대로 살아가던 삶이 많은 것을 포기해야 하는 삶으로 전환되어 가는 시점에서 만 가지 상념에 번민이 일었다. 치솟는 욕망은 거침없이 눌러대고, 맺어진 끈들은 후두두둑 잘라냈다. 그런다하여 쉽사리 그리되는 것도 아니련만, 사방으로 늘어진 연줄을 지우거나 줄이는 일도 육신을 편케 하는 방법이었다. 그러나 제아무리 고심하고 저항한다하여 다가오는 일을 막을 수는 없는 일, 호랑이 같은 병고도 차분히 껴안기로 하자 마음이 한결 홀가분해졌다. 그때부터는 거의 달관에 이른 사람처럼 스스로를 지탱하기로 했다. 웬만해서는 흔들리지 않는 뚝심으로 의연히 걸어가 보자며 최면을 걸었다. 그러자 또다시 웃고 있는 스

스로가 보였다.

　육(肉)의 일부가 그 기능을 다해 의술의 도움을 받으며 살아가는 처지이다 보니, 바람결 같은 꿈길이라 해도 가벼이 넘겨지지 않는가 보다. 그래서 숨 쉬는 매 순간을 가없는 귀함으로 여기게 된다. 따라서 어느 못마땅한 일에 불뚝 성질이 올라 욱했던 성정마저 크게 반성하며 내려놓는다.

시와 함께 2023. 가을호

의식의 전환

 길을 걸으며 자기연민에 젖을 때가 있다. 결론적으로 그다지 도움 될 게 없는데도 이따금 한 차례씩, 어딘가에 대고 응석을 부리거나 푸념이라도 하고 싶은 마음을 뿌리칠 수 없어 속말을 하며 다닌다. 가정 내의 우환이나 형제간의 결별 등등. 아마도 길거리에 혼자서 풀어놓은 말들을 사람들이 알아본다면 그 또한 민망할 일이니, 이정도로나마 달래고 에두르며 살 수 있는 능력이 어디인가 싶었다. 그렇게 고개를 저으며 혹은 수긍하며 현실을 공손히 받아들이는 중인데, 정말이지 신이 있다면 해도 해도 너무하다고 대거리를 해대고 싶은 일이 발생했다.
 가슴 미어지는 슬픔덩이는 엉뚱한 곳에서 빙산이 녹아 뚝 떨어지듯 한다. 그 옛날 주경야독하던 시절, 공장바닥의 바퀴벌레를 쓸어내고 등을 붙이며 뒷바라지한 동생이 세상을 떴다. "내 꿈은 모두 너에게"라고 극심한 부담을 안기며 공부시킨 잘난 이가 오간다 말 한 마디 없이 아주 갔다. 오래전엔 네 살 아래 남동생이 피눈물 나게 마친 대학공부 못 보고 사고를 당해 떠나갔고, 그것도 호사라고 이번에는 두 살 아래 남동생마저 누이 맘을 아프게 한다.

날벼락 맞은 그날 망인의 친구들은 이게 무슨 일이냐며 사색이 되어 모여들고, 나는 그래도 둘이 해본 것이 있어 다행이라고 말도 안 되는 추억거리를 끌어다대며 위안 삼고. 일단 살아가 보자, 살아가 보자 하며 꾸역꾸역 슬픔을 눌렀다.

"잘 하고 계세요. 우리 애들 엄마보다 체력이 좋으세요. 한번만 더 올러치자고요. 그럼 또 내리막이네요."

계룡산 줄기, 옛 집터가 있는 뒷산 능선을 거닐며 동생은 뇌까렸다.

"저는 이다음에 묻히고 싶은 곳이 있어요. 여기 시루봉에서 조금 아래에 나뭇짐 해서 지게 받쳐놓고 쉬며 놀던 바위가 있어요. 제가 죽으면 화장해 한지에 싸서 그 바위 아래에 살며시 놓아달라고 하려 했어요. 그곳에서 고향집을 내려다볼 수 있거든요. 그래서 아들이랑 오고 싶었어요. 하지만 다 틀렸지요. 걔가 언제 여길 오겠나요."

아픈 사람은 나인데 왜 자기가 인생 다 산 사람 같은 소릴 하나 싶었다. 하지만 내심 암 투병 중인 제 처를 수년간 돌보다

보니 이런 초월자가 되어버렸구나하며 넘겼다. 좀 전 능선 길에서 민둥한 무덤 위에 잡목 숭숭한 모습을 보았는데 그게 심경에 영향을 미친 것일까.

"누구네 조상일까. 오래됐구먼"

"그러네요. 이대로 방치해서 자연으로 돌아가는 것 그게 맞대요. 가장 자연적인 현상이래요."

그 이야기 연장선에서 어처구니없게도 본인 사후절차를 아무렇지도 않게 발설하고 있었다. 누나 된 자라도 왜 그런 소릴 하냐며 대화의 방향을 틀었어야 했는데, 나도 자연관에 닿아있었던지 다른 말을 찾지 못했다. 그리고 정상부에서 큰 바위를 감아 돌며 가파른 경사지를 내려오는 중에 동생은 연신 눈길이 바빴다.

"여기쯤이었는데 못 찾겠네요. 기대어 쉬기 좋은 내 바위가 이쯤 있었는데 숲이 우거져 아예 모르겠어요."

고향 뜬 후 군사보호지역이 되어 사십여 년이나 발길이 뜸했으니 산도 옛 산이 아니다. 땔감을 찾아 나뭇가지를 쳐내던 시간의 너울을 건너뛰어 울울한 밀림이다. 그 속을 헤치고 발짝을 떼며 추억어린 자리를 찾는 사람이 죽음을 논하기엔 너무도 젊은 오십대 후반. 어른들이 들으면 혼꾸녕 낼 헛소리를 토해내고 있었다. 점차 신장기능이 떨어져가 숨이 가쁜 누나 앞에서 씩씩

한 겉모습과는 다르게 열 살쯤 위의 오라비라도 되듯, 쓸쓸한 말을 풀린 콩 자루인 양 쏟아놓았다. 항상 위엄 갖춘 교단의 선생님 풍모가 아닌 지극히 자연의 일부가 되어, 소년 나무하러 오르내리던 길을 둘은 힘을 조율하며 짚어 내려왔다.

그리고 두해 뒤, 평소 멀쩡했는데 별안간 의식을 잃었단다. 그게 끝이었다.—나는 어처구니없는 현실 앞에서 내 몸 살피기에 급급해 엄습하는 그리움조차 밀어내고 끊어냈다. 그날 산길에서의 대화는 가슴속에만 꽁꽁 동인 채 동생네 가족에게 발설치 못하고 있다. 눈물이 마를 만치의 시간이 2년이라 하던가. 그러나 눈물은 마를지언정 그리움이 잦아드는 것은 아니다. 울컥울컥 생전의 미소가 되살아나 이편과 저편의 경계가 시시로 뭉개어진다.
 게다가 이즘엔 또 다른 번민이 생겼으니, 이만쯤에서 조카들에게 "그때 네 아버지가 그랬다." 하는 말을 들려줘야 옳을지 혼자만 아는 일로 꿋꿋이 삼켜야 옳을지 분별이 잘 서지 않는다. 진실을 전한다 한들, 만약 그 일이 이행된다 한들, 산 사람들이 자주 들여다볼 수 없는 산꼭대기이기에… 좋은 방법이라고는 여겨지지 않는다. 그럼에도 나는 이제껏 동생이 잠들어 있는 금강 유역의 묘원을 찾아볼 용기조차 내지 못한다. 한 발 한 발 가시덤불을 헤치며 다녀온 그 산속에서 동생은 여전히 다감하게 두

런거리는 까닭이다.

　누이는 낯선 공장으로 동생은 타지의 고등학교로 어린 날 제각각 객지에 나와 둘이 한가롭게 놀아볼 겨를 없이 살았다. 그러다가 난생처음 남매간에 하루를 꽉 차게 보내며 숨겨둔 가슴 밑자리의 이야기들은 차마 들춰보지도 못하였다. 그랬어도 서로를 응원하고 헤아리며 가슴 따스했던 영상이 마냥 아름답게 고향 하늘가에 수놓이고 있다. 에너지를 가까스로 끌어올려 거슬러 갔던 저 너머의 뒤안길, 눈빛만으로도 교감하던 오뉘가 더듬더듬 밟아 다녀온 그 길은 아련하나 귀한 수채화 한 폭이 된다.

　인생길, 대범하지 못한데서 기인하는 '자기 연민은 금물'이다. 아직 직면하지 않은 어떤 일에 지레 염려하고 엄살떨지 말지어이. 그런 소소한 걱정들이 모여 암암리에 감당못할 큰일을 부를 수도 있으니. 매 순간 와 닿는 무언의 메시지에 귀기울여볼 일이다. 그때그때 끌어올려지는 생의 리듬을 두루 알아차릴 혜안의 눈길이나 밝힐 일이다.

수필과 비평　2023. 6월호

젊은 날의 노트

하나

모처럼 내리는 단비가 농작물 해갈뿐 아니라 가슴에 고여 있는 몹쓸 앙금까지 쓸어내리길 갈망했다. 그러나 그건 억지에 불과했고, 내 앞엔 넘어야 할 산들이 우뚝우뚝 버티고 있다.

오월에 시작한 문예창작반 공부가 끝나간다. 처음엔 상당한 호기심이 날 유혹했고, 주제넘게 나선 자신이 못나 보일 때도 있었다. 횟수가 거듭될수록 귀가 트임을 실감했고, 문학(文學)이란 매력 넘치는 문구가 나를 사로잡았다.

반면 새롭게 다지고 보완해야 할 부분들이 쏙쏙 드러났다. 자아실현을 위해 무한의 노력이 뒤따라야 함을 잘 알지만 뜻대로 되지 않았다. 의욕만으로 어림없다는 것을 인정한다. 작년에 시작한 늦공부와 겹쳐 시간적으로 만만치 않은 점이 안타깝다.

문학에 대해 막연한 감정으로 써두었던 글들은 지도 선생님이 꼼꼼하게 짚어주신 빨간 필적을 달고 돌아왔다. 이미 각오한 바 있었지만 치부를 들킨 듯한 황당함에 어찌할 바를 몰랐다. '이래 가지고 무슨 글을 쓴다고 나부대는가?' 나 자신을 책망하기도 했다.―어느 한 면을 펴자 빨간색 띠가 무려 하나, 둘, 셋…. 입이 딱 벌어져 누가 볼까 두려웠다. '어쩌면 내가 이렇게까지….' 그러다가 제풀에 그만 웃고 말았다. 내가 아이의 글짓기를 점검해 줄 때와 흡사했다. 무엇에 그리도 미련이 남아 유년의 끈끈함을 부여잡고 전전긍긍했는지 못마땅하기도 하다.

어느 정치인은 마음을 비우겠다는 말을 자주 썼다. 내가 갈구하는 문학의 길. 아직 방향을 못 잡아 허둥대는 몰골을 한 채, 선생님께서 누차 강조하는 "백지 위에서 시작하는 자세"를 되새겨본다. 내 인생에 있어 서른다섯 해의 팔월 첫날을 새로운 도약의 시점으로 삼으며 부끄러운 하루를 갈무리한다. (1994. 8. 1.)

둘

한 집에 남자 넷, 여자 한 명이 사는 집이 바로 우리 집이다. 친정 동생이 많은 덕에 혹을 면치 못하고 작은방 하나는 내어주고 있는 셈이다. 그러니 항상 방이 부족하다. 물에 빠져도 입만 가라앉을 사람이 바로 남편인데, 아내인 내가 말을 붙이지 않으면 백일이라도 입을 열지 않을 샌님이다. 그 옆에 제 아빠를 꼭 닮은 아들 형제가 나란히 누워 장난 청하면 나는 어디로 가야

할지 푸념이 절로 나온다. 그날따라 머리맡에 잡다한 메모 조각들을 늘어놓고 나도 내 공간이 필요하니 집 늘려가자고 넋두리를 했다. 그이가 채 입을 열기도 전에 큰아이가 불쑥 한마디 하는 게 기막혔다.

"엄마 공간은 부엌(주방) 이잖아!"

단 하루만이라도 부엌을 면하고자 발버둥인데 내 공간이 부엌이란다. 그런데도 아이가 던진 그 말이 왠지 명답 같아 방안엔 폭소가 터졌다. 어항 속의 거북이들까지 유리벽 안을 맴돌며 물장구박수를 보내왔다. 저놈들도 다 한통속이다.(1995. 어느 날)

셋

소꿉친구가 온다는 소식에 잔뜩 들떠 있었다. 제대로 음식 준비도 못하고 애꿎은 거울만 들여다보며 갈팡질팡했다. 이름 대면 누구나 알만한 지역에 고향을 두고, 나라 정책에 밀려 각처로 이주한 사람들은 그 후로 세세히 안부를 알고 지내기가 어려웠다. 나도 이사 나오던 해에 결혼해, 시댁에 적응해 사느라 뒤돌아볼 새가 없었다. 그러던 중, 저수지 건너에 살던 친구 숙에게서 연락이 왔다. 집안 예식장에서 내 동생을 만나 연락처를 알아냈다고.

"야, 난 너를 10년이나 찾았는데 너는 어떻게 꼼짝을 않냐?"

느닷없이 들려오는 그 말이 위로가 되었다. 나를 찾아줬다는 한마디가 내심 고맙고 반가웠다. 고향을 떠나오고 처음이니 오래되긴 했다. 유년 시절이야 시골의 뉘 집 아이든 환경이 비슷했을 것이다. 냇가에 옷 입은 채로 들어가 첨벙거리며 개헤엄을 치거나 다슬기를 잡고, 뽕밭에서 오디 따먹어 새 블라우스 앞자락을 까맣게 물들이고도 즐거워하던 일 등등.

그러나 철이 들면서 우리 둘 사이는 저절로 벽이 생겼다. 동경유학파 아버지를 비롯해 이화여전을 나왔다는 결 고운 어머니며, 위로 오빠가 넷이나 있는 그녀는 공주처럼 자랐다. 반면 맏이가 아니면서도 그 못지않은 짐을 짊어졌던 나에게는 숙이 자연적 부러움의 대상이었다. 하지만 그런 일에 내색할 내가 아니었다. 그래도 그리움마저 잠재우진 못했는지 이따금 꿈길에만 만나왔다. 허심탄회하게 속을 터놓고 옛 얘기에 취하고도 싶었다.

약속한 날이 왔다. 나는 두 아이에게 와이셔츠며 양복을 칼주름 세워 입이고 빨강 나비넥타이로 마무리를 했다. 마침 병환 중이던 친정아버지께서 어머니와 잠시 묵고 계신지라 우리 모두는 다소 상기되어 친구네를 기다렸다.

드디어 현관 벨이 울리고, 마주한 친구는 얼굴이 동글동글 귀여운 두 아이를 앞세우고 서 있었다. 아이들의 눈웃음이 어찌나 귀여운지 꼭 안아주고 싶었다. 살며시 다물고 수줍게 미소 짓는 입꼬리가 영락없는 제 엄마였다.

친구는 다소곳이 앉아 우리 부모님께 큰절을 올렸고, 아버지 어머니도 매우 반가워하셨다.

"아버지 얼굴이 저렇게 맑고 부드러우신 줄을 그전엔 몰랐네."

"그땐 여러 자식 먹이고 가르쳐야 하니 한창 일에 절어 사실 때 아니냐."

그랬다. 농군으로서 전성기의 아버지는 얼굴이 뽀얄 새가 없었다. 그땐 다들 그것이 최선이고 최상의 답이었다. 숙의 아버지도 돼지를 잘 길러내는 손꼽히는 분이어서 생활이 늘 분주했다.

한동네에서 나고 자란 동갑내기는 모처럼 공통된 이야기로 회상에 젖었다가 한바탕씩 웃었다. 우리들도 지금 엄마로서 최상의 답을 찾아 열을 다하고 있는 중이다.

(1995. 초가을)

3장
웃어 봐요

환원(還元)

쥐도 새도 모르는 서사(敍事)

웃어 봐요

목신(木神)

막차

꽃봉 하나에 웃다

계룡(鷄龍)의 숨결

인삼꽃

귀환

환원(還元)

그날은 한적한 시골마을 기도처에 들어 도인들의 수행법을 따라 시간을 지키며 몰입했다. 3박 4일 일정이었는데 간단히 가방 하나 싸들고 가, 가족을 머릿속에서 지웠다. 동학도인의 옛 기도법을 따르는데, 선인들이 들여다본 그쪽 세계를 알아보기 위함이었다.

이틀째 되던 날 새벽, 주송(呪誦) 후 심송(心誦) 시간에 은하계가 모였다 흩어졌다를 반복했다. 자정에는 축문과 기도문 독송 등을 내가 주도했는데, 주송 후 심송 중에 은하계가 더욱 뚜렷이 태극 현상으로 오래갔다. 인솔자는 나더러 영이 맑아 바로 느꼈다고 한다.

그다음 날 새벽에는 내 청에 의해 주송시간을 10분 늘렸다. 심송 시간엔 우주의 활발한 운동을 보았다. 블랙홀처럼 소용돌이 치며 빨려 들어가는 운기라고 할까. 안개구름 같은 하얀 깃털의 날개가 연신 돌고 일어나고를 반복했다. 마지막 날 자정 무렵에는 마침내 푸른 초원이 펼쳐졌다. 하얀 안개꽃 같은 별꽃들이 나비인 듯 나풀나풀 춤을 췄다. 이리저리 방향을 돌려봐도 마찬가지. 그러다가 소멸되어 그냥 갈빛 무의 세계가 이어졌다. 내내 그 대지에 아무런 현상도 일어나지 않았다. 삶은 무로 돌아가는 것을 암시함인가.

푸르디푸른 그들이 웃으면 내 가슴이 환했다. 꿈을 향해 치닫는 그들의 찬란한 행보가 곧 내 발걸음 같았다. 그들의 밝은 미래는 젊은 날의 나와 크게 분리되지 않았다.
그러나 잔병치레를 하면서도 누이는 문학과 혼연일체가 되어 살아가는데, 든든한 응원군이었던 형제는 별리의 정을 나눌 새도 없이 일순간에 저편에 들었다. 어른들 표현대로 생때같은 서른 초반의 동생을 사고로 잃은 지 26년. 이번엔 그 애의 형을 보냈다. 작은 산동네에서 처음으로 대학생이 나왔다고 아버지 기를 살려주었던 그가 불시에 숨을 못 쉬고 떠났다.
그리고 1년 후.

코로나로 미뤄오던 가족 모임을 약속한 공주의 갑사 입구. ○○산장에 수십 명의 가족들이 모여든다. 둘러보니 둘째 올케가 와서 얌전히 웃고 있는데 내 동생이 보이지 않는다. 여느 때처럼 나는 동생의 이름을 들먹이며 채근했다.

"○○이는 왜 안 왔어?"

"안 와요!"

"아니지. 올 거지? 좀 늦는 거지?"

"아뇨. 그 사람 못 와요."

"왜? 일이 있으면 마치는 대로 오면 되지 왜 못 와?"

내 언성에 주변의 공기가 싸해진다. 올케는 야속하다는 듯 얼굴을 붉히고…

그런데 잠시 후 그 동생이 왔다. 둥산 모자 옆구리 챙을 집어 올려 멋을 내고 교직을 따나 텃밭에 앉아 일을 하던 모습 그대로, 허겁지겁 들어서며 평소처럼 씽긋 웃는다.

"누님! 저 왔어요!"

"그럼 그렇지. 안 올 리가 있나. 집안 내소사에 앞장섰던 사람이 빠지면 말이 되나. 어서 와라."

헌데 이렇게 어우러지는 것은 나와 그 동생뿐이고, 편이라도 가른 듯 몇 발짝 거리에서 바라만 보고 있는 다른 형제들은 이안이 뱅뱅한 기색이다. 하나같이 어리둥절해 어쩔 줄 몰라 한다. 당사자도 저들 속에 흔쾌히 섞이질 못하고 뭔가 겉도는 기색이 역연찮았다. 그런 동생과 손이라도 잡으러 할 때 긴 숨이 토해졌다.

꿈이다. 가슴이 서늘하고 헛헛하기 짝이 없다.

'아차! 그렇지. 오려 해도 올 수가 없지. 이쪽과 저쪽으로 너

무도 선명하게 길이 갈려있지.'

  이어댄다고 이어지는 것이 아닌데도 일부러 잠에서 깨지 않은 척을 한다. 순식간에 흩어지려는 이 뜨거운 서사를 억지 부려서라도 자꾸만 그러안는 나는 청맹과니여도 좋다. 속울음조차 사치스럽다.―그 옛날 주경야독하며 돈 벌어 동생들 대학공부 시키던 옹골찬 누나도 세월 저만치 물러나 있고, 잡히지 않는 끈만 늘이며 이편과 저편을 더듬는 손길만이 애달픈 이야기를 낳고 또 낳는다.

  기도처를 나오자, 도량 언덕배기에 핀 희디 흰 옥잠화가 초연히 서 있었다. 길쭉길쭉한 꽃송이 끝에 내려앉은 이슬방울이 이전까지 생몰의 화두로 번민에 차 있던 한 범부의 눈물로 보인다. 그 곁에서 도반들에게 속내를 들키지 않으려 가만가만 셔터만 눌렀다.

다시올 문학 2023. 가을호

쥐도 새도 모르는 서사(敍事)

억새 한 포기가 우람하다. 윗동을 끈으로 둘러 묶어놓은 폼이 듬직하다. 그 옆에 보리 몇 대궁이 듬성듬성 쓸쓸한데, 그래뵈도 여봐란 듯이 까칠하게 이삭을 들고 있는 것이 나름의 구실을 하고 있다.

난생처음으로 땅을 마련했다. 나이 쉰을 넘기며 심경의 변화가 심했던 나는 재미있는 일거리를 찾아 동분서주했다. 그러다가 남편도 모르게 공주시 외곽 신풍면의 밭 160평 문서를 쥐고 돌아오는 고속버스 안에서 싱글벙글했다. 고작 사흘을 못 넘기고 실토를 했는데, 쓴 소리가 특기인 사람이 묵묵히 문서를 살피며 웃었다. 오랜 숙원이던 땅이 생겼지만 부부는 정작 무엇을 어떻게 심어야 하는지도 잘 몰랐다. 땅을 팔고 사는 일은 단순하지가 않아, 작물이 심어져 있으면 수확이 끝날 때까지 기다려야 한다. 콩을 키우고 있던 우리 작은 땅도 드디어 빈 밭이 되었다. 새봄이나 되어야 씨앗을 심어볼 수 있을 거라 여기며 느긋하게 맘을 먹었다. 헌데 손바닥만 한 땅도 내 소유라고 자꾸만 보고 싶어졌다. 툭하면 먼 길을 달려가 너른 들판 가장자리의 밭둑을 거닐며 흙냄새를 맡았다.

그 무렵 수원에 소박한 글쓰기학원을 열고 있었는데, 마음은 충청도 땅을 휘휘 떠돌고 있었다. 그러던 중 퇴근길에 정류소 인근 꽃집에서 묘판에 심어 기른 풋보리를 만났다. 손가락길이만 한 것에서 가슴이 요동치기 시작해 그대로 사 들고 왔다. 주말을 기다려 그것을 싣고 밭으로 갔다. 이미 살얼음 질 때라서 시린 손으로 일일이 떼어 심는 일도 수월치 않았다. 자리를 잘 잡을 수 있도록 물도 주고 형식을 갖추어 보리밟기도 해주었다. 어려서부터 친숙한 식물이지만 온실에서 갓 나온 여린 싹이 겨울을 무사히 날지는 미지수였다.

그렇게 시작한 주말농사로 경기도와 충청도의 길이 닳았다. 그사이 보리는 푸르게 대궁을 밀어 올리며 본분을 다하고 있었다. 부부간에 토라져 다툼질을 하다가도 밭을 향할 때면 소풍 가는 심정으로 들떴다. 지난가을에 심은 마늘이 수확기가 되고 봄에 묻어둔 감자가 알이 굵어 밭이 수런거렸다. 그런데 한창 신이 나 있는 나를 보며 남편이 괴성을 쳤다. 돌아보니 밭 가장자리에서 낫을 들고 씩씩거렸다. 누렇게 익은 보리가 여봐란 듯 의기양양한데 이 순한 남자가 그것을 벨 자신이 없는지 원망 가득한 눈빛으로 나를 노려봤다. 이런 기막힌 시작으로 보리는 우리 집에 둥지를 틀었다. 엿기름도 기르고 보리차도 만들었다. 타작을 힘들어하는 남편 성화에 못 이겨 어느 해는 아예 씨를 없애버린 적도 있다. '씨를 말리다'란 말은 바로 이럴 때 쓰는 거다.

 헌데 이게 어인 일인가. 시골집 토방에서 타작할 때 튀어나간 낟알이 처마 아래서 움을 틔워 토실토실한 대궁을 살찌우지 뭔가. 추녀 낙수를 받아먹으며 발아를 한 대견함에 절로 감탄이 나왔다. 헛헛함을 모면한 나는 그 보리이삭 한 개를 밑천삼아 또 보리농사에 공을 들였다. 수확량이 많거나 돈이 되는 것도 아니다. 그냥 추억이 배인 신앙 같은 것이다. 어렸을 때에야 보편적인 주식이 보리밥이었으니, 소찬이어도 두레상 앞에서 행복했다. 빙 둘러앉아 서로의 얼굴을 보며 배를 채우던 향수로 그 끈을 놓지 못하는 것일 수 있다. 어려워도 함께였던 시간 속을 다시금 들여다보기이다. 어머니 아버지는 겸상을 하시고, 고물고물한 동생들과 밥숟갈을 떠 넣으며 즐거워했던 순간들이 저 보리꺼럭 속에 무진장 들어있다.

 2년 전 그해는 파종시기를 놓쳐 겨우내 화분에서 길러냈다. 규모를 줄여 조경용 정도로나마 시골집 꽃밭에 옮겨 심는 중에 부여 사는 동생이 왔기에 한 줌 나눠주었다.

"구실을 잘 할지는 모르지만 갖다 묻어두고 자라는 모습 구경이나 해봐!"

"그래요? 그래야겠네요. 좋아요."

건네는 사람이나 받아드는 사람이나 입가에 한껏 미소가 물렸는데, 고개를 갸웃하기로는 역시 그 사람, 남편이다.

그리고 초여름이 되자, 여느 집 농사보다는 철 늦은 보리가 누렇게 익기 시작했다. 알알이 꽉꽉 차오르는 품새가 여간 장하지 않았다. 스스로 알아서 할 일 하는 아이처럼 대견스러웠다. 보리수나무는 붉은 열매를 송알송알 익혀내고, 백합도 덩달아 봉오리를 부풀리며 시절을 노래했다. 그날따라 보리모종을 받아갔던 동생이 아름의 억새무더기 사진을 보내왔다. 허리춤을 질끈 동인 모양이 좀 우스꽝스러웠다. "태풍에도 끄떡없겠네!" "보리 수확해야겠어요." 동문서답이다. 억새 얘기하는데 보리 수확이라니. 멈칫하다 사진을 다시 보니 앙상한 보릿대 위에 꺼벙한 이삭 몇 개가 솟아 갸륵하다. 억새가 주가 아니고 그 옆에 심어둔 보리결실을 고하는 것이었다. 그제야 뜻을 깨닫고는 곧장 답을 보냈다. "좋군. 씨 해야겠네!" "예. 잘 거둬뒀다 씨 해야겠어요."

'아' 하면 척하고 알아차리는 남매 사이. 평생직장에서 퇴직 후 텃밭을 예술처럼 가꾸는 동생이 평화로운 군자로 보여 덩달아 즐거웠다. 어감이나 행동이 다정하여 소통 자체로 평화로웠다.

얼마나 내면을 다스리면 저리도 순연해질까. 인생 달관의 경지에 도달하면 저런 표정이 나올까 싶게 두 살 아래 동생은 성품이 온유했다. 어린 날 부대끼며 살아가던 정이 되살아나 가슴자리가 뜨뜻해질 때면, 남매간에도 피차 생활이 바빠 언제 이리 가까이서 살가운 정을 느껴보았던가 싶어 잠깐의 만남일지라도 귀하기 그지없었다.

 그러나 둘의 대화는 예서 뚝 그쳤다. 이렇다 할 지병도 없던 사람이 그날 밤 갑자기 의식을 잃어 길이 갈렸다.

 그 후로 이깟 놈의 보리 다시는 심지 않으려 했다. 하지만 그것도 잠시, 누렇게 익어가는 보리를 보면 가슴자리가 얼얼하여 절로 허리를 낮춰 구수한 냄새를 맡는다. 투박한 꺼럭 아래로 영근 알갱이를 한 알 한 알 소중히 그러모은다. 겨우 됫박 안에 들어찰 양일지언정 추억은 무한대로 와글와글하다. 길을 가다가도 억새무덕을 보면 누런 보리가 따라붙고, 그 곁에 맘씨 좋던 사람 얼굴이 어린다. 그래서 더욱 보리를 정성껏 심고 벤다. 씨를 밀지면 큰일 아닌가. 이쪽과 저쪽 사이 소통의 끈이 그러할진대, 둘만 아는 맥 잇기 놀이를 멈출 수가 없다.

 이 뜨끈한 서사를 아직 쥐도 새도 모른다. 사람과 사람사이, 이런 은밀한 토막들이 하나둘 이어져 각박한 세상을 데운다.

계간수필 2023. 여름호

웃어 봐요

아이를 차가운 검사실에 들여보내고, 아내를 검사실에 들여보낸 중년의 남자에게 커피 한 잔을 뽑아주었다. 불안에 안절부절 못하는 사람이 다소 안정을 찾아 침착하게 기다려주길 바라는 마음에서였다. 잠시 후 그도 내게 보리차 한 잔을 권한다. 두 사람은 말이 필요 없는 위로를 서로에게 얹는다. 다른 병원에서 앞선 검사 때는 아이를 철커덕거리는 검사실에 맡기고 밖에서 혼자 오열했다. 그건 떠다민다하여, 제아무리 꾹꾹 눌러댄다 하여 절제되는 감정이 아니었다.

중풍으로 고생하시던 시아버님이 이승의 줄을 놓던 그 시각, 안방에서는 내 아이 이름을 자지러지게 불렀다. 전주이씨 집성촌의 종부였다. 아버님 형제 다섯 분이 모두 한 동네에서 손을 불렸으니 앞집, 뒷집, 옆집, 건넛집이 모두 일가였다. 심지어 수원에 나와 남문거리를 돌아다녀도 사촌들을 만나 행실에 자유롭질 못했다.

 그러한 중에 아버님 형제분 중 처음 겪는 혈육 간의 이별이 왔다. 셋째였던 아버님의 임종을 앞두고 집안 어른들이 두루 모여 집안을 채웠다. 사흘 전부터 안방, 거실, 건넌방, 사랑방, 심지어 부엌까지 사람들로 북적댔다. 나도 큰 가방을 싸들고 시댁에 가 며칠째 묵으며 음식을 해 나르고 있었다. 몸이 고된 것쯤은 생사의 문턱에서 숨을 고르시는 아버님에 대한 염려로 뛰어넘을 수 있었다. 그런데 청천벽력같이 들려오던 내 큰아이의 이름! 그것은 나를 부르는 소리였다. 이어 토해지는 속사포의 끝!
 "아버지 돌아가신다!"
 부뚜막에 놓인 도마에 오이채를 썰던 나는 번개처럼 두 개의 문턱을 넘었다. 부엌에서 거실로, 거실에서 안방으로⋯. 그러나 "운명하셨다." 한 마디가 쓸쓸히 가슴을 쳤다. 순간 부엌에서는 외마디와 함께 내 아이의 자지러지는 울음소리가 들렸다. 아버님이 누워계신 곳과 불과 흙벽 하나 사이의 그 아궁이, 즉 고래구멍 앞으로 두 돌 갓 지난 손자가 나가떨어져 머리를 된통 부딪쳤다. 부엌에는 당숙모들까지 수두룩이 진을 치고 있었는데, 그 누구도 엄마 치마꼬리를 붙잡으려한 아이 하나를 재빠르게 품지 못했단 말인가. 통한의 메아리가 심장에 꽂혔다.
 그때부터 고열로 생명의 위기를 넘긴 아이는 대학병원에서 3

주 만에 살아왔다. 후유증으로 신장질환을 얻어 툭하면 병원을 넘나들어야 했다. 외관상으로는 멀쩡하나 현미경상으로 혈뇨·단백뇨가 있다하니, 어린아이의 소변을 따로 받아 들여다보는 것이 어미의 일과가 되었다. 밖에서 친구들과 한바탕씩 뛰놀아도 몸에 무리되지 않을까 걱정이고, 음식을 가려 먹여야 하는 일도 여간 신경 쓰이지 않았다. 시댁에서는 "엄마가 유별나서 극성"이란 말로 치부했지만, 어미 된 자의 기원은 항상 아이의 건강이었다. 영특한 아이는 유치원 간식으로 자모들이 맛있는 것을 나눠줘도 그대로 책상에 내려놓고 먹지 않았다고 한다. 그럴수록 자연식에 더욱 집중하게 되었다. 아이들 생일파티를 할 때조차 내 손으로 직접 빵을 굽고 김밥을 싸며 돈가스를 만들었다. 그러면서 아이로 인해 웃는 날이 많았다.

　검사가 끝나고 일반병실로 옮기는 과정에서 사람들이 실수를 했다. '운반주의'라는 팻말이 붙었음에도 불구하고 아이를 그만 들것침대에 떨어뜨렸다. 일순 예민하게 반응하지 않을 수 없었다. 지금 이게 어떻게 한 검사인가. 대학생인 아이를 가까스로 설득하여 상위병원에서 거행한 어려운 검사였다. 부딪치지도 말라는 주의에 "꽈당"이라니. 생채기가 난 상처에 모래주머니를 차고 있는데, 그 연한 세포조직이 어찌 되라고 저런단 말인가. 하지만 역시 꿀 먹은 벙어리로 눈치 살피기에만 급급했다.

퇴원하는 날 아침, 라디오를 듣던 아이가 레시바를 내 귀에 꽂아준다. 쥐를 통한 연구인데 만성신부전증환자에게 해결책이 생겼다는 반가운 소식이 전해진다. 희망이다. 대희망이다. 결과가 어찌 나오든 희소식이 아닌가. 아이 얼굴에 화색이 돈다. 의사선생님도 기다렸다는 듯 웃는데 커다란 위로로 와 안긴다.

"어머님, 이번에 정확한 병명을 알아낼 것 같습니다."

"네. 먼저 그게 아닐 수 있는 건가요?"

"최종 결과가 나와 봐야 알겠지만, 어쩌면 그럴 수도 있겠습니다."

이어 아이 등을 툭툭 쳐준다.

"너한테는 어쩌면 아주 유리하게 생겼구나."

결과 보는 날, 진료실 문을 열고 들어섰다. 이전에 알고 있던 병명에서 조금은 자유로운 결과가 나왔다. 그간 가슴을 짓눌러온 어마어마한 바윗덩이가 슬쩍 비켜서는 느낌이다. 질환의 갈래도 가지가지이니 비단 종이 한 장 차이라도 가벼워진 것이 어디인가. 다시 정해진 병명은 외우기도 어렵다. 그래도 좋았다. 병원을 향할 때 보이지 않던 하늘이 보였다. 참 넓고 푸르렀다. 무게 한 겹 벗은 것으로도 세상에 용서 안 될 일이 없을 것 같았다.

아파트 문전에서 만난 경비아저씨가 김 작가 어딜 다녀오느냐 한다. 나도 모르게 활짝 웃었다. 입주 초기부터 뵈어온 아저씨는 더 호방하게 웃는다.

"제가 언제 이렇게 웃겠어요? 그 어떤 상을 탄들 진정 웃었겠어요? 정말 자식 일 앞에는 이렇게 주책이 되네요. 일이 잘 될 것 같아요. 아저씨, 저 지금 좋아 죽겠어요!"

결정적으로 그간 한 번도 내보지 않은 말이 쏟아졌다. 좋아도 싫어도 슬퍼도 입만 벙긋거렸지 싶다. 무너진 내 표현에 친정아버지처럼 지켜보던 경비아저씨도 함께 응원했다. 그날은 무한히 웃어도 흉이 되지 않았고, 거리낌도 없을 듯했다. 좋으면 좋았지 '좋아죽겠다'는 말을 언제 또 써먹을 것인가.

이처럼 살아가며 맛보는 행·불행은 찰나에 의해 일고 진다. 그래서 행보가 삭막해지려 할 때마다 그날을 돌아보며 미소를 문다. 응축된 결이 풀려난 짧은 대화 끝에 "해방이다, 행복하다." 하고 적어둔 일기 한 토막에 전율한다. '웃어봐. 웃어 봐요.' 삶은 최면걸기이다.

인간과 문학 2024. 봄호

목신 (木神)

"나무엔 신이 산다. 그러니 사람의 옷가지를 산 나무에 함부로 걸쳐 널면 안 된단다."

오래전 입춘 무렵, 열세 살이던 이 둘째 딸의 초경 소식에 어머니가 이르신 말씀이다. 설렘 반 두려움 반으로 하얀 소창을 빨아, 마당을 가로지르는 빨랫줄에 보란 듯 널기가 민망하여 뒤뜰 앵두나무 가지에 슬머시 널었다가 들은 주의였다. 딸내미 몸이 신성한 기운으로 성장하길 바라는 어머니의 당부가 숨겨져 있었지 싶다.

친정집 옆에는 해묵은 보호수가 있다. 요즘엔 시청 직원들이 종종 나와 관리하나 그전엔 마을사람들이 알아서 위하던 수호신이다. 고향을 떠나온 마을에서 처음으로 내 맘을 잡아끄는 것은 바로 이 든든한 느티나무였다. 고향에서도 큰 나무에 기대어 살아온 데다 이곳에서도 담장 밖에 보호수가 있으니 괜히 우쭐해졌다.

결혼하여 친정에 드나드는 동안 어머니는 마을 소식을 심심찮게 전해주셨다. 건넛마을에서는 오래된 나무를 베다가 톱을 든 영감님이 변을 당했다 하고, 이 느티나무도 까치 성화에 못 이겨 한 노인 양반이 둥지를 부수려고 오르는 것을 앞집 살던 할머니가 뜯어말렸다 한다. 나무엔 진정 정령이 어리어있는 것일까. 오래전부터 이어져온 문화이니 과학적으로 분석해볼 필요가 없고, 굳이 의심해볼 여지도 없을 터이다. 민간신앙 여부를 떠나 큰 나무에 깃든 생명체들조차 귀히 여긴 일화 정도이다.

그런데 그해 정월, 산에 오르는 길이 매우 불안했다. 그날따라 익숙한 산에 가기가 싫어 애원을 했다. 되풀이되는 생활에 끄떡 없는 사람과 반복되는 어떤 현상을 견디기 힘들어하는 내가 맞추며 살아가는 일은 늘 그런 것이었다. 이왕이면 산행을 하더라도 좀 멀찍이 나가서 새로운 곳을 느끼고 싶은 욕구가 강한 나와, 동네 앞산 둘레길이나 자기 고향 뒷동산이라도 좋다는 남편이다.

그때는 극구 이 동네를 벗어나고자 하는 나를 데리고 내달려가 시댁 마을 뒷산에 내려놓았다. 기어코 그곳에 부려놓았다는 표현이 맞을 것이다. 그토록 거부했는데 내 입장은 전혀 헤아리지 않는 사람이 야속하기 짝이 없었다. 혈압조절에 쓰인다 하여 솔잎효소를 담가볼 속심에 나지막한 다복솔이 있는 곳이면 좋겠다고 길을 나선 차인데, 기껏 또 시댁 마을이라니⋯.

톱을 들고 수직으로 오르는 그 사람의 두툼한 모자가 바람에 벗겨져 데굴데굴 구른다. 일순 그에게 위험이 닥칠까 멈칫했다. 조심하라고 이르며 모자는 내려올 때 주우면 되지 하고 뇌까렸다. 그리고 우회하여 굽이굽이 올라갔다. 그러면서도 고개를 젖혀 "저 나무~." 하고 손가락으로 잠깐 가리켰던 것 같다.

막상 정상부에 다다랐을 때는 이미 사달이 나 있었다. 몸통이 싹둑 잘린 묵은 소나무 한 그루가 비참하게 쓰러져 있었다. 허나 이미 엎질러진 일, 내 말 따위를 잔소리로나 여기는 사람 앞에 입을 꾹 다물고 말았다. 속으로만 '죄송해요. 미안합니다.'를 연발하며 솔잎을 따 모았다.

소나무 몸통이 어른의 두 뼘 안에 들 만큼 자라려면 얼마나 많은 세월을 견뎌야 했을까. 그것도 정상부이니 이쪽저쪽에서 몰아치는 풍상을 맞받아치려면 적잖은 내공이 필요했으리라. 잔가지나 잘랐다면 이내 새순이 나와 모양이 갖춰지겠지만, 장정 허벅지선에서 윗몸을 내주었으니 다시 소생하기는 요원해 보인다. 어느 비구니스님도 법문에서 30년 된 나무엔 목신이 있다는데, 이왕 이럴 거면 차분히 고하기라도 하고 일을 냈어야지, 그가 들고 있는 장톱이 원망스러웠다. 그래서 더욱 살뜰히 솔잎을 살폈다. 한 층 아래에 떨어진 앙상한 솔가지를 주우려고 몸을 구부

렸을 때는 알 수 없는 불안마저 몰려왔으나 이내 도리질을 하였다.

그러다가 내리막으로 길을 잡았다. 왼손은 삐죽 튀어나온 고주박을 움켜쥐고 급경사지에서 중심을 잡을 때다. 별안간 왼팔이 허탈하게 솟구쳤다. 믿었던 그루터기가 뽑혀 나오며 나는 그만 중심을 잃었다. 깊이 박힌 것으로 보이던 물체가 허상뿐이었던가. 땅이 녹아 겉은 얼고 속은 힘을 잃었던가. 아니면 미미한 신호조차 없이 무작정 베어 자빠뜨린 소나무의 신이 노하여 내게 벌을 내렸는가. 남편이 어~어 하는 사이, 허공에 원을 그린 나는 다행히도 몇 미터 아래서 살아있었다. 갈비뼈 통증 외엔 별다른 외상이 없어 보였지만, 결국 뇌진탕 진단을 받고 고생하며 반성했다.

우리나라 곳곳엔 의미심장한 이름을 가진 나무들이 있다. 심어 가꾼 사람의 성씨를 따서 기리는 공주시 동학사 입구의 '박정자나무'가 있고, 용인시 원삼면의 '머슴나무'가 있으며, 독립군의 암호 헝겊을 가지로 품어준 충북 영동군의 '독립군나무'도 있다. 그러한 나무들은 누가 보아도 나름의 몫을 톡톡히 해내어 누군가의 그늘이 되어주고, 나라를 되찾는데 공로가 따랐다. 특별한 직분을 부여받은 사람이 그에 걸맞게 노릇을 하는 것처럼, 나무들도 살아가며 얻은 별호에 묵묵히 호응하고 있는 것이다.

그러고 보면 나는 경미하게 놀래어준 소나무신에 감사의 큰절을 올려야 할 것 같다. 툭하면 마음자리를 낮추어, 섣불리 손가락질한 죄를 사(赦)하며 웅얼웅얼 읊조린다. 오래전 무수히 땔감을 해 나르던 우리의 아버지들은 묵묵함 속에서 얼마나 간곡히 타협했을까.

한국수필 2024. 3월호

막차

 차를 놓쳤다. 오후 아홉시 대까지 운행하던 공주~수원 간 버스가 세 시간 전에 끊겼다는 것이다. 코로나 대유행으로 승객이 줄자 배차 간격도 줄더니, 어느 틈에 막차시간마저 당겨져 버렸다.
 궁리 끝에 서울행 고속버스를 타고 중간지점인 천안에서 내렸다. 역으로 이동해 환승할 생각이었다. 천안터미널에서 열차 역까지는 택시를 이용했다. 하필 계단 쪽에 내려주어 하염없이 올려다보며 숨을 몰아쉬어야 했다. 등에 맨 배낭이 무겁지도 않은데 버겁다.
 몇 길을 돌고 돌아온 길, 천안역 계단을 오른다. 숨이 턱밑까지 차올라 가다 서기를 반복한다. 주변 눈길만 없다면 금세라도 털썩 주저앉아 넋을 놓을 것 같다. 별장 삼아 오가는 촌락에서 부랴부랴 공주터미널까지 왔는데, 일이 그만 난감해져 중간에 기차를 타기로 하고 이동 중이다. 숨을 고르며 가다 서기를 수차레 반복한 끝에, 무궁화호에 몸을 실었다. 환갑고개에 오르도록 지나쳐온 길들이 엊그제 일처럼 펼쳐진다.

산천초목 푸르러 생동의 기운을 타고 마냥 자유롭고자 했다. 준비된 촌락에서 그간 못해본 것을 실행에 옮기고자 마음이 바빴다. 요양 차 시골살이를 하다 보면 몸이 좀 호전될까 하는 지푸라기 잡기 말이다. 시큰둥한 남편을 두고 가서 사흘쯤 머물 참이었는데, 일이 여의치가 못하게 되었다. 비상이 걸린 상태다.

목조 구옥을 마련한 지 6년 차, 나무들도 제법 우거지고 텃밭의 화초도 꼴을 갖췄으며 오가는 맛이 쏠쏠했다. 이번 봄엔 대나무가 더 우거지기 전에 쳐내기로 맘을 먹었다. 집안에 남정네가 없는 것도 아니지만, 워낙 바쁘다 보니 내가 짬짬이 가서 씨앗을 넣고 풀을 뽑았다. 운치 있는 마당을 꾀해 선비 흉내라도 내볼 요량으로 저명한 분들의 뜰에서 얻어다 묻은 대나무들이 몇 년 지나자 지배자의 위용으로 대숲이 되어갔다. 우후죽순이란 말대로 걷잡을 수 없이 불어나는 기세를 막으려면 간벌이 필요했다.

널따란 마당 대비, 담장 안 우측이 대숲인 격. 나는 실톱을 들었다. 그리고는 대나무 밑둥에 대고 살근살근 톱질을 했다. 신기하게도 내 손목의 힘이 먹힌다. 바닥에 아예 철퍼덕 앉다시피

하며 한 그루 한 그루 쓰러뜨린다. 강릉 땅 남진원 평론가의 오죽 숲이 울고, 이천 땅 채수영 교수 댁의 댓잎들이 비비적거린다. 청양 땅 동학 본원의 검은 가지들도 척척 길을 비킨다. 내 시비(詩碑)가 서 있는 유성구 세동, 고향 친구 형님에게서 얻어온 한 줄기가 가장 미심쩍었었다.

"처음엔 나도 오죽을 심었는데, 그게 몇십 년 지나니 장대나무가 됐더라고. 그러니 나도 장담 못해."

결국 다 쓰러뜨렸다. 병원에선 이미 급할 대로 급하다며 서둘러야 한다는 기별을 받은 터였다. 고매하신 어른들의 숨결을 느끼고자, 작가의 뜰엔 적어도 댓잎 비비적대는 소리 정도는 들려야 하지 않겠냐는 속내로 욕심껏 얻어다 묻은 내 대나무 숲은 그날 그렇게 막을 내렸다. 이후로도 올라오는 싹을 말려 붙이기 위해 남정네의 손길이 따랐지만, 내가 정성껏 기른 대나무와의 결별식은 그렇게 했다. 내심 사람도 쇠하여 병원행이 잦은데 이깟 나무에 연연할 일이 무엇인가 싶었다.

아이들 독립도 창창할 때에 서둘러 촌락을 준비한 데에는 그만한 이유가 있다. 표면상 글 쓰는 사람으로서 배부르게 낭만이나 좇는 형국이었으나, 실상은 살얼음판을 딛듯이 건강 문제에 시달리고 있었던 까닭이다. 하여 이 몸을 좀 더 공기 맑고 한적한 곳으로 옮겨놓고 나면, 위기의 날이 하루라도 디뎌질까 하는 심산이 지배적이었다. 하지만 그런 기막힌 연유를 측근에게까지 내비치기 싫어 허세를 떨었다. 어찌 보면 위장술이었는데, 가족들은 그러한 내 심연을 전혀 알아채지 못하고 궁시렁거렸다.

벌써 4년이 되어온다. 그해 봄 그날엔 이도 저도 막차였다. 23년 차 신장주치의 선생님은 내 두 손을 꼭 잡으며 "못 고쳐줘서 미안해." 하셨고, 나는 그 말을 수용하느라 마른 눈물을 흘렸다. 앞으로 다가올 불안한 날들을 맞이한다는 것은 얼마나 큰 형벌인가. 내부 장기는 급속도로 기능을 잃어 음식조차 맘 놓고 먹을 수가 없었다. 먹는 족족 장염마저 일어나 불안이 더욱 고조되었다.

그렇게 혈액투석은 시작되고, 나는 무수히 비워내는 훈련에 들어갔다. 더 나아갈 수 없을 때 마지막으로 받아들이게 되는 생존의 방법 앞에서 막차가 따로 없었다. 걸음걸음을 옮기며 애삭임으로 스스로를 달래고, 그래도 살아가보자며 최면을 걸었다. 운동량을 채우기 위해 일삼아 걷는 한 발짝 한 발짝에는 '장하다, 장하다'하는 내면의 응원가가 합세했다.

그러다 보니 이젠 이 또한 일상이 되어간다. 긴 시간을 의료진에 의존하는 것이 애통하고 주 3회씩 병원 오가는 일도 번거롭지만, 신상의 막차라고 여겼던 길에서도 새로움을 찾아볼 수 있다는 힘을 받는다. 담장 밖 아스팔트까지 뚫고 나오는 죽순을 보며 이웃에 민폐를 끼칠세라 가차 없이 톱질을 하였지만, 이면에선 나 자신이 늘여놓은 무수한 연줄을 잘라내는 것과 진배없었다.

이즈음의 산책길, 잔바람에 일렁이는 댓잎을 본다. 막막하던 시간들에 숨결이 닿는다. 천안역 계단을 오르며 비비적비비적 울던 여인이 뒤돌아보며 빙긋 웃는다.

창작수필 2024. 여름호

꽃봉 하나에 웃다

　길을 가는데 별안간 웽~ 소리와 함께 벌 두 마리가 신발 코앞에 떨어진다. 한바탕 엉겨 붙었다가 풀어서 날아간다. 얼빠지게 놀란 내가 멍하니 서 있는 사이 좀 전에 무슨 일이 있었는가 싶게 새들이 지절댄다. 예삿일이다. 예삿일이어서 참 좋았으면 하는 일들이 우리 주변엔 얼마나 빈번한가. 일의 흐름이 보편적일 때는 빈곤으로 배를 곯지 않아도 될 것이고, 취업난에 자존감이 무너지지 않아도 될 것이며, 질병으로 약을 한 줌씩 삼키지 않아도 될 것이다.

　그즈음 나는 삶과 죽음에 대한 사유로 골이 깊어가고 있었다. 미래에 대해 불투명한 시간을 마주하며 내면이 들끓었다. 먼 곳의 지인들까지 큰 걱정을 해왔다. 심지어는 명의라며 모 교수를 찾아가보라고 했다. 관심은 감사하나 그 무렵엔 제3자의 위로나 권고가 전혀 도움이 되지 않았다. 외려 절망을 더욱 확인시킬 따름이었다. 23년간이나 의학의 저울에 올려놓고 살펴주신 주치의, P박사님에 대한 신뢰마저 무너지려 휘청거리는 마당에 새삼 누구에게 다시 나를 맡긴단 말인가.

점점 신장기능이 떨어져가고, 지푸라기 한 올 앞에서도 허세는 맥을 못 췄다. 이러다가는 1,2년 새에 투석 들어갈 수 있다는 말을 듣고 초연하면 사람이 아닌 게지. 조혈제를 맞으러 보름에 한 번씩 서울을 오갔다. 급기야 먹는 약도 늘어났다. 가족 앞에선 세세하게 내색하지 않았다. 이른 아침이면 영락없이 일어나 식구들의 따스한 밥을 짓고, 모두 출근시키고 나면 혼자만의 공간에서 만 가지 생각에 꼬리를 물렸다.

불면이 늘어갔다. 숙면을 취해야 몸이 그나마 지탱할 텐데 잠을 못 이루고 새벽녘이면 늘 깨어있었다. 글을 쓴다거나 명상에 잠기거나 하는 가치 있는 행위가 아니다. 본능적으로 치닫는 건강에 대한 우려 속에 위태롭게 흘러가는 내가 보일 뿐이었다. 차분히 삶을 짚어볼 시간, 어디로 가는 것일까. 걸어온 길은 뚜렷하나 나아갈 길은 아득했다.

검사 한 번 받고 오면 결과가 좋길 소망하고, 결과지를 받아들면 또 낙심하고…. 반복되는 생활 속에서 살얼음판 위의 곡예사가 따로 없었다. 신장 수치를 나타내는 소수점 하나를 경계로 수없이 울고 웃었다. 눈만 감으면 가수면 상태에서 얄궂은 형상들에 시달렸다. 이전에 이 땅의 젊은 여인들, 즉 어머니의 어머니의 어머니인 그들이 숱한 할머니의 표정으로 나를 놀리며 지배했다. 세상사 다 그렇게 살다 가는 거라는 메시지를 안기듯이.

그럴수록 스스로에 대한 연민과 외로움이 몰려왔다. 대중 속의 절대고독이다. 길을 걸어도 잠자리에 들어도 오롯한 나와의 대화로 답이 묘연했다. 앞산의 찬 공기를 마시며 복식호흡을 하다 보면, 거대한 바위군상들이 무겁게 말을 걸어왔다. 그렇게 치이다가 '그래, 아플 만도 하지. 그간의 네 역할이 1인 몇 역이었나를 가만가만 헤아려보렴.' 하는 내 안의 메아리가 들려왔다. 그 소리에 가까스로 타협점을 찾아가고 있었다.

그러던 중 글쓰기 수업 차 나선 길에 한 정원사가 아파트 뜰에서 나무 돌보는 걸 보았다. 얼핏 스쳤지만 희끄무레했다. 저게 뭘까. 입춘인데 벌써 꽃이 피었는가. 발걸음은 절로 화단에 닿았다. 나뭇가지가 바닥에 즐비하다. 불현듯 가슴이 펄떡이기 시작했다.

"매화인가요?"

"예."

"몇 가지 얻어가도 될까요?"

"그럼요."

나는 떨어져 내린 가지를 잡아 비틀었다. 이미 물이 올라 잘

꺾이지 않았다. 정원사가 거들어주어 한 줌의 꽃가지를 가방에 걸쳐 넣고는 나도 모르게 벙싯거렸다. 돌아오는 길, 정류장 긴 의자에 가방을 세워놓고 사진까지 찍었다. 얼마만의 설렘인가. 산뜻한 바람 한 켜가 쓸데없는 생각으로 가득했던 머릿속을 말끔히 헹구어주었다.

 화병에 꽂힌 몽글몽글한 매화가 하룻밤 사이에도 툭툭 터진다. 침잠되어있던 집안에 상승기류로 환하다. 그래. 삶에 대해 너무 복잡하게 생각하지 말지어다. 찬바람 견디고 피어나는 꽃잎 몇 장에 이렇듯 화들짝 깨어나는 감성인걸 뭐. 나는 그날 이후로 내리눌리던 생의 음률 앞에서 순연히 두 손 다 들었다. 순리에 대항하지 않기로 했다.
 사람의 고차원적인 사유란 것이 어느 때는, 한낱 꽃봉의 위력보다 하위에 있다.

계간수필 2024. 봄호

詩가 있는 수필

계룡(鷄龍)의 숨결

 외사랑 대상이 있었어요. 정면에서, 측면에서, 우회해서 보고 또 보아도 욕구가 채워지지 않고 갈증만 더했어요. 혼자서 애태우다가 이번엔 다를 거라며 틈을 엿보면 앞에서는 웃자란 나뭇가지가 가리고, 옆에서는 경계의 선이 있어 귓불이나 한쪽 볼 정도나 슬쩍 비치고, 십오 리 먼발치에서는 어머니의 젖가슴 모양으로 도도록하니 자애로운 주봉이 의미심장하게 파장을 일으켰고요. 바라보면 바라볼수록 갈증만 더해갔지요. 그러다가 큰 결심을 하기에 이르렀어요. 아예 먼 길을 돌아 뒤편에서 공략하기로 했죠. 앞에서 그토록 보고 싶어 하던 가슴패기며 얼굴을 매만져보기 위해서는 모험이 필요했어요. 한 발짝 한 발짝 발품을 파는 것이랍니다. 그렇게 하여 진달래 흐드러진 봄날, 뒷산 정상부에 올랐어요. 아버지들의 나무등짐에 얹혀오던 진달래가 내 키를 넘어서서 벙싯벙싯 맞아주고, 오리나무 열매들도 몽글몽글 재재거리며 옛사람을 반겼어요.

1.
계룡산 두 날개 큰 품 벌렸네
서편 능선 쇠잔등은 늠름한 장수로세
동편 능선 시루봉은 풍요의 가슴자리
신도읍터 계룡역 밀목재 동문달이
어서 와요 뛰어와요 찬란한 우리 고장

어헤야 데헤야 어헤야 데헤야
계룡이라 얼씨구나 신도읍터 좋을씨구나

2.
두계천 굽이굽이 물길 열렸네
숫용추 푸른 정기 용틀임 소리
암용추 암반 타고 화답 시(詩) 고와라
골짝마다 배인 숨결 두런두런 싣고서
대궐터 신털이봉 팥거리 적시누나

어헤야 데헤야 어헤야 데헤야
유구한 길 얼씨구나 우리 모두 좋을씨구나
―「계룡(鷄龍)의 숨결」 전문
김선화 작시, 이순희 작곡, 솔내음하모니·노래와 친구들 합창 그토록 그리워 찾아다니는 곳은 제가 스물다섯에 이별한 고향이에요. 저뿐 아니라 계룡산 아래 신도안 분지마을 그 너른 터에 살던 사람들이 모두 이주를 했어요. 산이 깊은 지역이니 골짜기마다 마을이 형성되어, 대 이어가며 아들 딸 낳아 길렀지요. 우리 동네는 '동학항쟁'에 가담했던 외증조부께서 다락방에 숨어 지내며 간신히 목숨을 구해 황해도에서부터 내려와, 첫 집을 지어 터를 잡은 마을이래요. 여기서 저희 어머니도 성장하여 제가 다닌 초등학교 선배님이 되시지요. 그러니 어땠겠어요. 고향 그리는 마음이 자녀들보다도 어머니가 더 간절했지 싶어요.

변화한 고향, 나라의 주요기관이 들어있어 일반인이 맘대로 출입할 수가 없게 되었어요. 금기된 곳이라 이 길 저 길 찾아가다 쫓겨나고, 간신히 기웃 들여다보다 순식간에 실려 나오고…. 어머니까지 모시고 가서도 문전에서 "저기가 우리 집터"라며 손짓만 해보고는 되돌아서야 했어요. 이 이야기는 훗날, 그곳을 관리하는 사람들 사이에 "머리 하얀 할머니가 어느 날 찾아와 우리 집이라며 가리키고는 되돌아갔다더라." 하고 전설이 되어 제 귀에까지 들려왔어요. "그 기막힌 서사의 주인공이 바로 저의 어머니입니다." 하고 툭 내뱉을 땐 괜히 억울했어요. 그쪽 직원들도 세월의 이끼 속에 퇴임하거나 유명을 달리하거나 새로 채워져 가는 마당에 그게 무슨 소용일까만, 저도 지긋해진 모습으로 가슴을 쓸어내렸답니다.

처음 뒷산에 올랐을 때 더 다가갈 용기는 내지 못하고 거기까지 접근한 것만도 커다란 수확이라 여기며 뿌듯해했어요. 큰 나무가 쭉쭉 늘어선 우리 집터 옆으로 낮게 가라앉은 저수지 물빛이 은은했어요. 그날은 그것만으로도 충분했어요. 두고 온 사물들이 여전히 잘 있구나 안도했어요. 사람은 모두 빠져나왔어도 그 터를 지키는 정령들이 오순도순 옛 얘기 나누며 살고 있는 형국이잖아요.

그러던 어느 날, 사람의 간절함과 땅의 기운이 닿았을까요. 이사해 살던 공주의 친정집을 제가 인수해 '월정재'라 이름 지어 드나드는 한 밤, 혼자 묵는 깊은 시각에 상상도 못한 연락을 받았답니다. 지역단체장에 뜻을 둔 유지 한 분이 '계룡세계군문화엑스포'를 앞두고 계룡에 대해 노래를 하나 만들자는 제안이었지요. 저는 설렘과 보람으로 그 밤을 지새우며 작시에 몰두했답니다.

하지만 그렇게 만들어진 노래는 수그러든 그분의 정치 인생과 함께 묻혔다가, 몇 년 뒤 주민자치회의가 열리던 날 오프닝으로 울려 퍼졌지요. 모인 사람들 간에 감동이야 있었지만, 다소 아쉬움으로 남은 작시입니다. 어쩌다 한 차례씩 들어보면 가슴이 저릿저릿하고요. 그래도 어쩌겠습니까. 이것이 이 노래의 운수요,

저의 아린 한 부분인 걸요.

  이젠 정면 측면 할 것 없이 외사랑이었던 그쪽에서 저를 자꾸 보길 원합니다. 아마도 제가 그곳의 새로운 전설이 되어 무수한 숨결 이야기를 전해야 하지 싶군요.

계간 시학 2024. 봄호「시가 있는 수필」

인삼꽃

인삼꽃 피는 두둑을 본 적 있는가. 흰 눈 쌓인 이엉지붕 아래서 혹한의 겨울을 나고 살며시 고개 드는 인삼 싹은 무한한 생동감을 불러일으켰다. 땅속에서 6년을 자라야 캔다는 인삼은 사람들에게 기나긴 기다림의 상징이었다. 그래서 이른 봄 흙을 비집고 나오는 새 발자국 닮은 새싹은 뿌리가 건재하다는 방증이기도 하여, 지켜보는 마음이 희망으로 충만했다.

계룡산 자락인 우리 고향은 조금이라도 밭구실을 할 만한 토지가 있는 곳이면 인삼밭이 턱하니 들어와 앉곤 했다. 금산에서 인삼 농장주들이 터를 옮겨가며 삼을 심어야 한다고 이 고장까지 접수하게 되었다. 웬만한 밭뙈기들은 대형장비를 들이대어 둑을 뭉개어 없애 평평히 하고, 산에서 해 나른 초엽으로 퇴비를 삼아 묵히고 묵혀 갈아엎기를 수차례. 그렇게 새로운 토양이 만들어지면 뚝딱뚝딱 막을 치고 이엉을 얹어 인삼밭을 만들어나갔다. 품앗이에 익숙해진 농촌 사람들에게 일당이라 할 수 있는 남·녀 어른들의 하루치 품삯이 3백 원, 4백 원 하며 징해진 것도 70년대 초반의 그 일이 시초가 된다. 그때부터 가가호호 아이들은 학교 갈 때 학용품 살 돈 문제로 부모님의 눈총을 덜 받았고, 어른들은 쌀독에 보리쌀 떨어질 걱정도 덜게 되었다. 품 팔 곳이 있고, 돈 나오는 구멍이 생겼으니 큰돈은 손에 쥐지 못하나 삶의 질이 달라졌다고 해도 과언이 아니다.

당시 우리 동네 인삼 농장주들은 그것의 꽃이나 열매를 딸 때 "인삼꽃, 인삼 열매를 딴다."는 말을 삼갔다. 무슨 연유인지는 모르지만 "딸을 딴다."고 했다. 하여 사춘기에 처한 내게도 일을 부리려면 "우리, 삼밭에 딸 따러 가자." 했다. 차마 물어보지는 못하고 너무 귀하고 예뻐서 "딸!"이라고 하나보다며 혼자 짐작만 해왔다.

아무려나 나는 이 손으로 그 앙증스레 웃음 짓는 인삼 딸을 따 보았고, 씁쓰레하면서도 향긋하니 뒷맛이 오묘한 뿌리 인삼을 우물거리며 성장했다. 그 정서는 이만치 세월이 지났어도 과히 흐릿해지지 않는다.

봄날 초록 잎 무성한 삼밭, 인삼 줄기 중심마다에서 대궁 한 대씩 쑥쑥 뻗어나 연두색 봉오리를 품는다. 이때의 모습은 여느 꽃봉오리나 마찬가지로 활짝 피울 희망에 와글와글 댄다. 꿈을 품은 사람들의 가슴 속 이야기가 고이 쟁여졌다가 막 선보이는 때라 하겠다. 그 봉오리들이 벌어질 때쯤이면 인삼밭은 오밀조밀 하얀 웃음천국이 된다. 그 무렵 검은 비닐장막(예전엔 모두 이엉으로 둘러쳤음.) 밖의 세상은 계절의 여왕 오월을 달리고 있다. 알아보는 사람들은 인삼꽃이 하얀색이라는 것을 이제 알아챌 것이다. 사람으로 치면 창창한 인생을 설계하고 그 뜻을 막 열어 보일 때이지 싶다.

 서른 초반의 푸른 날들은 미답의 길에 대한 꿈으로 들끓었다. 한창 만학도로서, 어린아이들을 학교와 놀이방에 떼어놓고 목마른 공부를 채워가느라 책가방을 끼고 다녔다. 안양1번가 근처, 삼원극장 사거리에 있던 입시학원은 학업적령기에 부모형제 위해 공부할 시기를 놓쳤다가 뒤늦게 열정을 불사르는 사람들로 교실 칸칸이 메워졌었다. 나도 그중 한 사람, 한나절의 밀도 있는 수업이 끝나면 몇몇 뜻 맞는 사람들은 시장통 밥집으로 몰려들어가 둘러앉아 시장기를 달랬다. 어떠한 사정으로 공부할 시기를 놓쳤느니, 혹은 이제라도 꿈을 펼쳐갈 수 있어 행복하다느니 속을 풀며 너나없이 각오를 다지곤 했다. 다소 문학물이 들어 내면이 꿈틀거리던 나는 사람들에게 꽃 이름 붙여주는 취미가 있었는데, 각기 사람마다의 특징을 살려 어울리는 꽃 명을 갖다 붙였다. 그래서 누구는 목련이고 누구는 작약이며 누구는 들꽃이었다.

하나하나의 꽃 명에 만족하며 울고 웃던 애환을 안고 뿔뿔이 흩어진 지 십여 년, 어느 날 불현듯 그때 인연 닿은 여성을 길에서 우연히 만난 뒤로 나는 사람에게 꽃 이름 붙인 일을 후회했다. 다른 사람들은 잘 모르겠으나, '들꽃'이라 이름 지어준 그녀의 삶이 과히 평탄하지 못해서였다. 하늘하늘 약해 보이나 본분껏 자신의 삶을 개척해나가는 특성을 추커세운 의미였는데, 그녀가 남편과 해로하질 못하고 일찍 사별했다는 소식에 마음이 아팠다. 마치 내가 별호를 잘못 붙여줘서 그런가 하고 내심 뜨끔하여 사람들에게 꽃 이름 붙이는 버릇을 훅 거둬들였다.

그런데 세월이 이만쯤 흘렀어도 은은한 망울을 터트려 붉은 열매를 맺는 인삼꽃이 잊히지 않는다. 태양이 이글이글 타는 여름날, 새빨간 결실로 강렬한 빛을 발산하던 인삼밭. 동글납작하니 초록이던 열매가 시나브로 붉어져, 초록 잎과 더욱 대비를 이루는 정열적인 색상. 달리 말해 식을 줄 모르는 열정이다.

최근 들어 나는 '열정'이란 말을 더욱 귀하게 여기고 있다. 그 단어와는 다소 멀어지는 나이에 속한 탓인지도 모르겠으나, 그럴수록 풋풋한 열정의 색상을 열매에서 찾아보라면 망설일 것도 없이 어릴 때부터 보아온 인삼 열매를 짚을 것 같다. 고행이 따르더라도 꿈을 향해 매진하는 인생사와 닿아있는 까닭이리라.

의연한 듯 뚜벅뚜벅 길을 걷다 문득 멈춰서고 뒤안길을 반추해보는 사람의 결에, 어쩌면 이렇게 빨간 색조가 들어 나이테로 물든 것은 아닐까. 그 강렬함은 곧 튼실한 뿌리로 이어진다. 인삼의 생장을 친숙하게 보며 자란 나는 아직도 그 붉은 열매를 떠올리며 종종 전율한다. 조만간 어여쁜 인삼 딸을 만나러 길을 나서야겠다.

수필과 비평. 2023. 신년호

귀환

조선 말기의 실학자 성호 이익 선생 묘역에서 머물다 온 일이 있다. 솔밭에 에워싸인 완경사 잔디 언덕이 어린 날 동산의 서정을 불러와, 사십 중반이던 나는 한참을 서성이며 소슬바람을 즐겼다.

산동네 푸른 물살 넘실거리는 저수지, 방둑 가에는 솔수펑이 안에 너른 묘마당이 있었지. 내 어머니가 걸음마를 시작할 때에도 시제를 올리더라는 제법 뼈대 있는 봉분들이 아이들을 불러 모으던 곳. 평소 그곳은 개구쟁이들이 모이기 좋은 놀이터요 축구장이었다. 민둥해진 봉분 몇 기는 축구 골대나 다름없어 공이 오르내렸다. 큰 계곡 이편에서 젖먹이 동생을 업고 건너다보는 나는 아이들의 발부리를 맞고 튀어 오른 공이 궤도를 벗어날까 봐 조마조마했다. 방죽에 빠지면 어쩌나 하며 그들의 거침없는 함성 소릴 들었다. 하지만 그 동네 남자들은 공 차는 실력이 워

낙 출중하여, 방죽에 공을 빠트리진 않았다.

　이처럼 소란스럽던 묘마당이 늦가을 만추 무렵이면 경건한 풍경을 낳는다. 두루마기를 입고 갓을 갖추어 쓴 어르신들이 아래 어느 마을에서부터인지 줄지어 올라와 음식을 진설하고 축문을 읽으며 제를 지냈다. 그러고는 시제 음식을 나누며 풍족한 한때를 보냈다.

　그때 소나무 동산과 케케묵은 묘소와 늙어가는 사람들이 어린 내 눈에는 예사로 비치지 않았다. 산마을이다 보니, 그리고 요즘 같지 않아 장례문화가 매장문화이다 보니, 오일장에 가는 행렬만큼이나 상여 행렬이 빈번했다. 산에 기대어 둥지를 틀고 호흡하던 사람들이 꼬부랑꼬부랑 산을 일구다가 종래에는 그 산으로 돌아가는 것을 빈번히 보며 자랐다. 작은 가슴으로, 좀 전까지 이웃했던 사람들의 새로 생긴 무덤이 왜 무섭거나 거북하지 않았으랴.

　흔히들 감탄사를 쏟아붓게 되는 자연현상은 그저 풍경일 뿐이다. 거기에 사람 한 명만 얼비쳐도 분위기는 달라진다. 사람이 자연의 일부가 되기도 하고, 자연이 사람을 떠받치기도 한다. 함께 숨을 쉬고 눈물 흘리거나 미소 짓기도 한다. 그러다가 순하게 그냥 자연이 되어간다. 그래서 눈 밝은 이들은 자연을 통해 사람을 이야기한다.

그 시절 오래된 봉분들은 맘씨 좋은 한 마을 주민인 양 친숙하게, 애 어른 할 것 없이 이미 한바탕 어우러지고 있었다. 성호 선생 묘역에서 나는 사람의 종착지에 대해 생각이 많았던 것 같다.

수필세계 2023. 가을호

4장
대상과의 교감, 혹은 역발상

윤모촌 선생의 「오음실 주인」

그는 누구일까, 그에게 '나'는 누구였을까
―윤모촌 선생의 「떠날 줄 모르는 여인」

지성적 훈계(訓戒)
―원종성 선생의 「조물주의 착오(錯誤)」를 읽고

아릿한 역사의 편린
―원종린 선생의 「떠나던 날」

담배 한 개비에 묻어나는 인생담론
―이문구 선생의 『관촌수필』

김수봉 선생의 「그날의 기적소리」

정명환 선생의 「내심의 비밀」 중심으로

대상과의 교감, 혹은 역발상
―정태헌 수필가의 「속살 엿보기」

언어의 경제적 곡선을 타고 노는 연금술사
―정태헌 에세이집 『목마른 계절』의 「여울물 소리」

작고문인 집중조명: 작품론

윤모촌(尹茅邨) 선생의 「오음실 주인」

　우선, 모촌 선생께서 작고하신 지 11년이 되는 해에 제자로서 스승의 작품론을 피력하게 된 점을 송구하고 의미 깊게 생각합니다. 저는 1995년에 선생님과 사제의 연을 맺어 작고하실 때까지 가까이에서 모시며 많은 가르침을 받았습니다.

　1979년 우리 나이 57세에 한국일보 신춘문예를 통해 수필 문단에 나온 선생은 평소 수필 쓰기에 대해 첫째도 문장, 둘째도 문장, 셋째도 문장이라고 강조하셨습니다. 문장은 바로 그 사람이며, 인격 수련이 앞서야 문장도 가능하다고 누누이 이르셨습니다. 진실을 바탕으로 하되 품위와 격이 따라야 하고, 지나친 분식을 피해 체험적 사유로 의미화가 이뤄지는 것을 수필의 본령이라 하셨습니다.

　그럼 선생의 수필 데뷔작이 나오기 이전 그 밑바탕엔 무엇이 존재하는지 알아보겠습니다. 시대적으로 일제강점기와 한국전쟁을 겪던 때가 선생의 소년기이며 청년기입니다. 더구나 고향은

38선 이북 연천에 있는데 교육공무원으로서 의식이 분명하여 부모님 곁에 돌아갈 수 없는 고뇌가 가슴을 저리게 합니다. 그렇다보니 애끊는 이별의 통한 속에 연명하는 것을 우선시해야 하는 현실 앞에서 시대의 아픔을 안고 곰삭이는 증인이 되어갑니다.

전쟁 통에 국민방위군으로 마산까지 끌려간 선생은 패잔병이 되어 쌀 한 되로 살아내야 하는 생사의 기로에서 암울한 현실을 지탱합니다. 대전에서 왕골모자 짜는 공장과 방앗간 집 숙직실에 기거하며 잡역을 하게 됩니다. 한데 외로움을 처절하게 껴안고 견디던 그 시절에 『호서문학』 동인으로 참여하여 시를 씁니다. 해방 직후 고향 친구 Y라는 분으로부터 시 쓰기를 권유받은 지 7,8년이 지난 때로 선생에게는 문학적인 면에서 새로운 기운으로 작용합니다.

그때부터 50세를 넘길 때까지 간간 시를 써왔다는 것을 보면 선생의 문체에서 풍기는 적절한 은유가 수필의 효과적인 밑거름이 되었지 싶습니다. 특히 함축된 언어로 여운처리를 하는 수사에서 더욱 그 빛을 발하고 있습니다. 참고로 수필집 『산마을에 오는 비』에는 「수필을 쓰면서」라는 제목 안에 시 세 편이 들어 있습니다.

그렇게 문학과의 연을 맺어온 선생은, 소설가 향원(向原) 정구

창(鄭昌) 선생과 돈독한 우의를 다지며 이전부터 품었던 불씨를 확인하게 됩니다. 향원 선생은 이후 모촌 선생의 수필 「오음실 주인」의 안주인으로 나오는 사모님과의 사이에서 중요한 가교역할을 하는데, 선생의 생애에서 떼려 해야 뗄 수 없는 매우 중요한 위치에 있는 인물입니다.

선생이 이남에 남게 되자, 고향땅 아버님은 공산당에 의해 변을 당하시고, 홀로 늙어가실 어머니 생각에 그리움은 배가되어 꿈길에까지 이어집니다. 선생은 수필에 대한 회고의 글에서 1949년 『태양신문(太陽新聞)』 '신인시단'란에 투고한 시가 두세 번 실렸는데, 김기림(金起林) 시인 등에 의해 천거되었다는 사실을 뒤에 알았지만 문학에 매진할 수가 없는 실정이었다고 합니다. 어찌 보면 그처럼 비껴간 시간 덕분에 우리 수필계의 거목이 되신 점을 후학으로서 고맙게 생각합니다.

교육계와 잡지사를 떠나 당시 버섯 농사를 짓고 있던 선생은 서울역을 지나다가 역 앞 우체통에 넣었던 작품이 인생의 전환점이 되어 신춘문예 당선을 불러왔다고 합니다. 그 글이 바로 「오음실 주인」인데, 교원 잡지 등에 발표하며 이때까지 쓴 수필의 수는 총 열 편을 넘지 않았답니다. 그래서 등단 후로 더욱 부단히 문장수련에 매진하였다고 고백하며, 후진들에게도 등단 때부터 새로운 시작이라 여겨 문장 공부에 게을리하지 말 것을 당부하셨습니다.

본격적으로 수필 「오음실 주인」에 대해 살펴보겠습니다. 한국일보 신춘문예에 당선될 때가 1979년 1월이니, 이 글이 쓰여진 시기는 1978년 12월 이전으로 봐야 맞을 것 같습니다. 『정신과로 가야할 사람』과 『서울 뻐꾸기』 이후 모촌 수필선이라 해서 『산마을에 오는 비』를 1995년에 상재했는데, 「오음실 주인」은 이 책 첫 번째 작품으로 1979년 1월이라고 표기되어 있습니다. 이는 발표 시기를 나타내는 것이겠지요.

마당가 수도전(水道栓)에 돋아난 작은 오동나무 싹에서부터 수필은 시작됩니다. 어떻게 날아들었는지 의구심이 일지만 구태여 그것을 알아볼 일은 없는 것이지요. 선생은 오동나무의 성장과정을 묘사하며 사람과 사람 사이의 인연에 대해 이야기를 이어갑니다. 그리고 한 단계 더 들어가 그것의 역할에 대해 제시합니다. 싹이 돋아나 나무 구실을 하는 것은 두 그루인데, 한 그루는 자제의 학교에 기념식수감으로 보냈다는 대목에서 훈훈한 부성(父性)과 인간적 여유가 느껴집니다.

무성히 잎을 드리워 그늘을 만들어주는 오동의 풍모를 지켜보며 선생의 사유는 더욱 깊어집니다. 대인(代人)의 풍도(風度)답다는 쪽으로 독자들을 끌어당깁니다. 그러면서도 왜 하필 이 좁은 공간에 씨가 떨어져 가지를 맘껏 벋지 못하게 잘려져야 하는지에 연민이 어립니다. 그러면서 부부의 인연 쪽으로 시선을 옮겨갑니다. "오동나무 팔자가 당신 같소. 하필이면 왜 내 집에 와 뿌리를 내렸을까." 하며 주거니 받거니 하다가, 구차한 살림 속에서 오동나무의 현덕(玄德)만큼이나 드리워진 아내의 그늘을 의식한다 하였습니다. 여기서 오동나무의 그늘과 아내의 그늘이 일치되는 것을 확인할 수 있습니다. 바로 대상을 통한 자기 확인을 실현하고 있는 부분입니다. 부연하자면, 선생 나이 37세에 앞의 향원 선생 주선으로 열한 살 아래인 교직자 조정복 여사를 만나 결혼합니다. 아무것도 가진 것 없는 자신에게 시집와 살뜰히 살아주는 것에 대한 헌시 같은 수필이지요.

하지만 모촌 선생의 필력은 그 한 부분에 머무르지 않고 "오동은 벨수록 움이 나와 다음 주인에게도 음덕(蔭德)을 베풀 것이다." 하고 깊은 배려를 나타냅니다. 그리고 선인(先人)들의 심중에 와 닿던 빗소리까지 읽어냅니다. "병자호란 때 자폭한 김상용 선생이 다시는 잎 넓은 나무를 심지 않겠다하고, 오엽에 지는 빗소리에 상심(傷心)과 장한(長恨)을 달랬다."는 표현으로 의미 확장을 해나갑니다. 역사의식이 두드러지는 부분입니다.

아울러 선조 때 오음(梧陰)이라 불리던 당대 명신(名臣)의 호를 떠올리며 '오음실 주인(梧陰室 主人)'쯤으로 당호를 삼고 싶지만, 명현(名賢)의 이름이나 호는 함부로 따 쓰는 법이 아니라고 하시던 할아버지 말씀이 걸려 선뜻 결단을 내리지 못하고 있다 했습니다. 그렇지만 "무료하면 오동나무를 쳐다보게 되고, 그럴 때마다 찌든 내 집에 와 뿌리를 내린 오동나무가 그저 고맙기만 하다." 하고 끝낸 수필 말미에 재삼 마음 붙들려 서성이게 됩니다.

작고하신 차주환(車柱環) 선생은 일찍이 모촌 선생의 작품세계를 일컬어 "볼품사납게 다듬은 티가 없고 자신의 인간을 꾸며서 내놓지 않아 진솔하고 소탈한 특색을 지니고 있다." 하고, 허세욱(許世旭) 선생은 "강직한 선비의 기질이 토양을 일구었다."고 언급하셨습니다.

이번 저의 변변찮은 해석이 고매하고 올곧게 살다 가신 스승의 인품과 문맥에 흠을 내지나 않았는지 조심스럽습니다. 이상으로 작품론을 마칩니다.

—『계간수필』 2016. 여름호

김선화가 읽은 감동 수필

그는 누구일까, 그에게 '나'는 누구였을까
—윤모촌 선생의 「떠날 줄 모르는 여인」

　글을 읽고 나서 작품의 제목은 잊고 내용만이 뇌리에 감돌아 여운 짙을 때가 있다. 특히 이번의 경우가 그렇다. 제목을 달리 기억해 이 글을 찾아내는데 상당시간이 걸렸다. 가령 노래방에서 유행가 제목보다는 핵심부의 어느 한 대목을 외어 그 번호 찾아 달라는 억지와 비슷한 것이었다. 수필 「떠날 줄 모르는 여인」을 「잊을 수 없는 여인」으로 잘못 기억해 오랫동안 그렇게 떠벌리고 다녔다. 맡고 있는 수필교실에서도 내 이 말을 들어보지 않은 사람이 없을 정도이다. 꼼꼼하게 자료를 제시하지 않고, 급한 성격대로 윤모촌 선생의 「잊을 수 없는 여인」이라 하는 우를 범한 것이다.

　모촌 선생(1923~2005)의 「떠날 줄 모르는 여인」은 우리나라의 비극 한국전쟁과 관련해서 비롯된 이야기이다. 18년쯤 전에 처음 읽은 글인데, 그 어느 작품보다 가슴을 울린다. 특이할 만한 수식 없이 정경묘사와 시대적 애환을 다루고 있어 거의 외워지는 글이었다.

먼저 첫째 단락에서는 작품의 배경이 나오고, 이북의 고향에서 보았던 '숙설거지'를 끌어들여 본인의 처지와 대비시킨다. 즉 대상을 끌어와 현재의 화자 모습을 반영하려는 복선을 깔아두는 것이다.

이러한 흡인작용을 이끌어내고 둘째 단락으로 건너와 '국민방위군'이 등장한다. 대한민국 국민이라면 피할 수 없었던 역사적 기록이다. 헌데 선생은 여기서 '걸인부대'란 대명사를 쓴다. 이미 화자 자신이 걸인에 속한 격임을 나타내는 대목이다.

그런데 셋째 단락에서 젊은 여인이 등장한다. 일상적 기록물일 수도 있는 전쟁이야기가 한층 문학적 장치를 갖추는 단계이다. 화자는 위에서 언급한 숙설거지 모양으로 앞장서 인도하는 여인을 따른다. 바로 물동이를 인 여인이다.

인정(人情)의 대명사격으로 열려있던 사립문들도, 집집마다 잠긴 지가 오래였다. 지금도 기이하게 여기는 것은, 그런 상황에서 어떻게 내가 우물가의 젊은 아낙의 뒤를 따랐는지 모를 일이다. 아낙들의 냉랭한 눈총을 받아야 했던 때에, 앞장을 서며 따라오라는 여인의 뒤를 따라 사립문을 들어섰다.

방안에서는 아침상 수저소리가 평화로웠다고 한다. 일순 고향의 부모님이 얼마나 그리웠을까. 그 안온한 품이 잠깐 연상되는 사이 여인은 재촉한다.

　여인은 더운 국밥을 말아 주면서, 추위에 상한 나를 부엌 안으로 들여 세웠다.
　"퍼뜩 자시이소, 시부모가 아시믄 안됩니더."
　여인의 말에 급히 퍼 넣으려 했으나 목에 걸려 넘어가질 않았다. 목을 메게 한 것은 국밥이 아니라, 어느새 여인이 어머니상으로 바뀌어진 까닭이다.
　"날마다 장정들 사정을 딱하게 여기다봉이, 내 먹을 게 없능기라요."

목이 멘 선생은 아무런 말도 할 수가 없었다. 그리고는 그녀를 어머니처럼 인고(忍苦)의 미덕을 익혀온 여인이라 술회한다. 그리고 이 글 말미에서 "그에게 나는 누구였을까." 자문한다.

　전쟁마당에서 뼈와 가죽만이 남아 돌아온 남편이었을까, 모성애로 감싸야 했던 아들이었을까. '숙설거지' 모양의 말없는 나에게, 숨어서 자기 몫을 내주던 여인—환영(幻影)조차 그릴 수가 없는 고령(高靈)땅 그 여인은, 지금도 내게서 떠날 줄을 모른다.

화자의 허기는 여인의 입장을 가려 처신할 염치라는 것이 이미 물 건너간 상태였다. 그런데 두고두고 그날의 일이 남는다. 여인의 몫으로 굶주림을 면한 그 따뜻한 국밥 한 그릇. 여러 번 다시 읽어도 가슴 뭉클해지는 장면이다. 밥그릇을 내놓는 여인이나, 그 밥을 입에 물고 목이 메어 감사의 인사조차 차리지 못하는 피골이 상접한 병사나 다 이 땅의 주인들이었다.

　돌이켜볼수록 놓치지 말아야 할 부분은 그녀가 젊었으므로 참새방앗간과 같은 우물터의 수다, 다시 말해 우물가의 소문에 온전치 못했을 거라는 짐작인데 그걸 감수하면서까지 딱한 형색의 한 병사를 집으로 안내한 용기에 감복한다. 게다가 시어른들의 눈을 피해야 했으니 얼마나 조심스러웠을까.

　1982년 9월에 쓴 작품이니, 그때 선생 나이 60세였다. 종전 후, 고향인 경기도 연천 땅을 지척에 두고도 뜻이 있어 이남에 남아 교육계에서 근무하다가 57세에 한국일보 신춘문예에「오음실 주인」으로 당선한 바 있는 어른이다.

　선생이 작고하신 지도 어언 10년, 이제 다시 선생의 입을 빌어 내가 물어본다. '그는 누구일까? 그리고 그에게 나는 누구였을까?' 음미할수록 여운이 짙다. 누구나의 가슴속에는 떠날 줄 모르는 사람들이 들어차 있는 까닭이다.

―한국수필 2015. 5월호.

명수필 감상

지성적 훈계(訓戒)
—원종성 선생의 「조물주의 착오(錯誤)」를 읽고

첫 문장부터 예사롭지 않게 나간다. 송곳 끝이 바짝 서 있다.

이 글의 필자인 원종성 선생 연세로 보아 이미 오래전에 쓴 글로 읽힌다. 사람들의 옷차림은 그렇다 치고 화려한 인쇄물이 선보일 때이니 시간을 거슬러 돌아보아야 올바른 감상이 이뤄질 듯싶다. 책 외판원들이 등장하던 시기는 이미 흘러갔기 때문이다. 지금은 앉아서 인터넷 서점 등을 이용해서도 책을 받아볼 수 있고, 심지어 전자책까지 성행하고 있는 추세이다. 일단 이 작품의 시대적 배경을 이렇게 이해하고 글의 본질 속으로 들어가 보도록 한다.

제목부터 신선했다. 복고적인 제목에서 매우 구미가 당겼다. 「조물주의 착오(錯誤)」라니. 조물주가 인간을 빚어 세상으로 내려보냈다고 전제할 때 참으로 재미있는 발상이다. 쉽게는 어떤 이의 신세한탄 정도거니 하고 접근할 수도 있는 일이다. 하지만 원종성 선생의 문체는 놀랍게도 예리하다. 뚝뚝 끊어 맥을 짚고 넘어간다. 독자는 그 맥을 재빠르게 알아차려야 수필의 본의를 놓치지 않게 된다. 지극히 일상적인 듯 문장을 다루다가 지성의 회초리로 훈계를 하고, 그런가 하면 또 언제 그랬냐 싶게 쑥 물러나는 여유도 보여준다.

글을 쓰고 책을 묶어내는 입장에서 우리 작가들에게 혹은 출판인에게 던지는 한 마디의 질책이 따끔하다. 표지의 화려함과 지나친 다색화보(多色畵報)에 내용이 묻히는 것을 걱정한다. 반대로 내용은 빈약한데 표지 등 편집이 호화판이 되어 독자들에게 오류로 다가갈까 염려하는 것이다. 너나없이 작가가 되고 출판인이 될 수 있는 이 시대에 이처럼 매서운 회초리를 누가 들 것인가. 시간은 가도 삶의 가치가 되는 원론은 변하지 않는다는 말이 바로 이럴 때 확인되는 것이다. 아래의 대목도 이에 해당한다.

물론 表紙가 책의 얼굴이요, 창이니만큼 表紙도 좋은 게 좋은 건 틀림없다. 그러나 表紙만 보고 내용까지 제멋대로 속단해 버리는 건 위험천만하다.

작업복 차림으로 관공서나 회사 등에 들렀다가 눈총을 받은 일을 공감하지 않는 사람 몇이나 있을까. 수위나 비서가 방문자의 눈동자는 살피지도 않고 행색만으로 나름의 결정을 한다는 일화이다. 일상 속에서 다수의 사람들이 겪었음직한 일이다. 그러한 사회 풍조를 해학적 수사법을 불러와 깔끔하게 풍자한다. 작업복이나 잠바를 입고 다니니까 깡패 같다 하더라는 친구의 말이나, 요새 뒷골목의 깡패는 일류 신사 차림을 하고 다니는데 쓰리군도 그렇다는 술집 여자의 말이 빙긋 웃음을 자아낸다.

그러면서 선생은 다시 냉철한 의식 속으로 독자를 끌어당긴다. 채근담(菜根譚)에서 차용했다는 '사냉주의(四冷主義)'가 그것이다. "냉안관인(冷眼觀人)—바른(냉철한) 눈으로 사람을 보고, 냉이청어(冷耳聽語)—바른(냉철한) 귀로 사람의 말을 들으며, 냉정당감(冷情當感)—바른(냉철한) 뜻으로 일에 대응하고, 냉심성리(冷心性理)—바른(냉철한) 마음으로 세상의 이치를 구별한다."는 주옥같은 글귀가 가슴을 울린다. 사람이며 사물을 판단하는 눈가짐과 태도를 바르게 하자는 얘기다. 표면만 보고 다 아는 듯이 함부로 판단할 것이 아니라 깊숙이 내면 관찰을 하자고 주문한다.

어쩌면 선생이 정작 하고 싶었던 말은 말미 부분의 이 말이 아닐까 한다. 간판주의(看板主義), 외관주의(外觀主義)를 비판하는 것. 알맹이가 빈약함을 감추려는 데서 기인된 것일 수 있는 포장 문화를 다시 한번 꼬집는 것이다.

백 원 두 겉장을 5백 원짜리로 바꿔치기했다고 해서 그게 백 년 가도 5백 원 다발이 될 수 없을 것이다.

　맞는 말이다. 백 번 들어도 타당한 지론이다. 여러 번 곱씹어서 새길 금과옥조다. 필자는 가끔 고서들을 꺼내어 종이 냄새를 맡을 때가 있는데, 인쇄 냄새와 책의 정가로 알아채는 물가의 가치이다. 더러는 문고판에서 향훈이 더 느껴질 때가 있는데, 그것은 한껏 치장한 겉모양보다 글쓴이의 정신적 깊이를 맛볼 때의 귀한 소통에서 연유한다. 표지 좋고 내용 좋으면 말할 것이 무엇이겠는가.

　선생은 조물주의 실책 중 또 하나가 드러났다고 한다. 인간의 표지(얼굴)와 본문(마음)을 딴판으로 만든 게 바로 그것이라며, 표지주의를 부수는 일이 우선시 되어야 한다고 한다. 이는 표면에 드러나는 인상과 마음 씀씀이를 짚는 것이리라. 딴판이란 말에 대해 여러 가지로 해석해볼 수 있을 것이다.

　거론된 글의 큰 맥을 살펴보면 사치스러운 의복, 호화 출판물, 냉철하지 못한 인성, 모두가 하나로 통일되어 겉모습만으로 섣불리 판단하게 하는 착오를 만들지 말자는 교훈이 된다. 바른말 하기가 어려워진 세상에 듣는 소중한 쓴소리이다. 바꾸어 풀이하면 "사람은 채소 뿌리를 씹는 맛을 알아야 무언가를 이룰 수 있다."는 채근담 유래의 의미가 되기도 한다. 한 마디로 진실에 다가가자는 주문이 아니고 무엇이겠는가.

―한국수필 2017. 10월호

명수필 감상

아릿한 역사의 편린
―원종린 선생의 「떠나던 날」

 우리는 있는 곳을 뜬다의 의미로 떠난다는 말을 쓴다. 누군가가 내 곁을 떠나가는 것, 혹은 내가 누군가의 곁을 떠나오는 것이 이에 해당된다. 이 작품 속에서 제목의 시사성은 이별에 대한 애환을 미리 깔아놓는 복선이나 다름없다. 읽어나갈 내용에 대한 궁금증을 한껏 암시한다.
 원종린 선생의 「떠나던 날」에는 시간 이동과 공간 이동이 긴밀하게 펼쳐진다. 따라서 상황 속 화자의 심리가 리얼하게 묘사된다. 이는 일제강점기에 군인으로 몸담았던 역사의 증인만이 그려낼 수 있는 문체라 여겨진다.
 1923년생인 선생은 일제 말기 당시 학도병으로 징용되어 신병들의 조교를 맡았다. 그때의 이야기가 액자식 구성으로 강화도를 찾아가는 길 떠남에서부터 전개되고 있다. 이름도 기억나지 않는 '김'이라는 청년. 붙임성 있게 굴던 그가 강화도 어디쯤 살았다는 주소 하나만 믿고, 오랜 세월이 지난 즈음에서 가는 길에 꼭 수

소문해보리라는 각오가 애잔하다. 하지만 행보 중에 김이 살았다는 곳과는 거리도 있고, 단체 일정으로 빼곡해 짬도 나지 않아 그냥 돌아서 온 발걸음에 여운이 짙게 깔린다.

서로 동고동락하며 정이 든 사람들이다. 일본 말 서툰 신병들에게는 통로 구실을 하고, 전시에 다소 불안해하는 병사들 심정을 어루만져주며 혈연의 정을 쌓아왔다고 한다. 조교와 훈련병 사이 비밀이랄 것 없이 자잘한 이야기조차 재미있던 젊은 날이다.

그럭저럭 비교적 안정된 생활이 이어지던 어느 날 느닷없이 우리말 함구령이 떨어진다. 병사들끼리 여럿 모여 있는 것도 수상스레 여기는 눈총에 허용되지 않는다. 더 이상은 동지로서의 은밀한 정을 나누기가 어려워졌다. 게다가 대기조에 있던 병사들이 어디론가 우르르 떠나갔다. 연병장으로 나가면 으레 따라 나가곤 하던 조교를 기다렸을 것이라는 추측이 더욱 가슴 에이게 한다. 윗선의 명령에 의해 한 명 한 명 내무반을 빠져 나가며 보내오던 눈길. 얼떨결에 훈련병들을 떠나보내고 홀로 남은 내무반 정경을 선생은 이렇게 표현하고 있다.

나는 그때 텅 빈 내무반에 홀로 남게 되었다. 속으로 숨어드는 외로움을 달래느라고 애를 썼다.

그들은 내가 곧 뒤따라 나오리라고 생각을 하면서 떠났을는지 모른다. 그런데 그것이 그들과 나의 마지막 작별이 될 줄이야 꿈엔들 누가 생각했으랴. 고별사 한 마디도 남기지 못한 채 말이다.

이별은 이렇게 왔다. 그들이 어디로 갔는지는 더 이상 설명이 없다. 다만 추측으로 중국 대륙으로 출동하지 않았을까 하는 짐작을 하게 한다. 이것이 이 글에서 나타나는 첫 번째 떠남이며 클라이맥스다. 충청도에서 강화도를 찾아가는 떠남의 과정은 이 글의 서막을 여는 장치이고, 과거라는 액자의 틀 안으로 들어가 맞이하는 석별의 정을 굵직한 선으로 전달한다.

이후 해방이 되고, 선생도 몸담고 있던 곳을 떠나기 위한 절차를 밟는다. 육군형무소에서 옥고를 치르고 풀려나와 정식으로 소집해제 명령을 받기 위한 과정이다. 이것이 이 글의 두 번째 떠남이 된다.

혼란스런 시기, 된서리 맞은 장교들의 어깨는 축축 처져 있고 제대하기 위해 방방곡곡에서 몰려든 우리 외인부대들이 어깨를 펴고 부대 안을 누볐다고 회고한다. 해방과 패망의 엇갈림 속에서 사기는 완전히 전도되어 이제 떠나야 하는 일인들의 처지를 슬며시 알아차리게 한다. 이 대목이 이 글의 세 번째 떠남이다.

해방 후의 소용돌이 속에서 선생은 행여나 하는 마음으로 훈련병들의 모습을 찾아보려 하지만, 이후 그들의 소식은 알 길이 없었다. 다들 무사히 제대했으면 하는 바람이 문장 행간 행간에 스미어 있다.

원고지 23매의 긴 수필이다. 요즘처럼 수필의 형태를 양으로도 분류해보는 시기라면 일반 수필을 넘어서서 장편 수필에 놓아볼 수도 있겠다 싶다. 글 쓴 연도를 정확히 알 수는 없지만, 선생은 장문의 수필로 암울했던 역사적 배경을 시사하며 지극히 인간적인 따스한 면면을 보여준다. 그러한 정서가 이 수필을 더욱 문학적 향기로 이끈다.

발길음을 돌리는 내 머릿속에는 김 군을 비롯해서 여러 훈련병들의 희미한 모습들이 무수히 떠올랐다. 그리고 마지막으로 부대를 '떠나던 날' 텅 빈 내무반에서 속으로 스며드는 외로움을 달래느라고 애를 쓰던 기억이 생생히 떠오르는 것이었다.

종래는 강화도에서 김이라는 사람을 만나보지 못하고 돌아서는데… 무엇보다도 소박한 제목을 앞세우며 들려주는 짜임새 있는 증언에 많은 가르침을 받는다. 그 시대, 어느 청년인들 학도병 아닌 사람 있고 김 군 아닌 사람 있었으랴. 시대적 아픔과 인정을 물씬 녹여낸 귀한 글에 마음이 오래도록 머물 것 같다.

얼떨결에 떠나보낸 병사들에게 삶의 뒤안길에서나마 허심탄회하게 전달하는 진한 안부이지 않은가.

―한국수필 2017. 12월호

수필DJ
담배 한 개비에 묻어나는 인생담론
―이문구 선생의 『관촌수필』

　청운의 뜻을 품고 일찍이 도회지에 뛰어들었으나, 정신 바짝 차리지 않으면 친한 사람 사이에도 코 베임 당한다는 냉철한 처세술부터 익혀야 했던 나는 매사 허둥대기 일쑤였다. 충청도 산촌에서 자란 사람의 도시 속 문화생활이란 기껏해야 현실도피행각으로 무협지나 문학 서적을 뒤적이는 것이 커다란 위안이었는데, 그 무렵 우연히 접한 『관촌수필』은 내게 마력으로 작용했다. 신촌로터리의 단골 서점에서 마주한 그의 문장은 가히 자석이었다. 사방이 막힌 거나 다름없던 내 의식에 정신적 출구 역할을 했다. 작가의 문장이 이렇게 별 수식 없이 진솔하게 표현된다면 나도 포기하지 말고 도전해볼 수 있겠다는 맘을 먹기에 이르렀던 것이다. 허나 문장을 그렇듯 아무것도 아닌 듯이 순탄하게 그려내는 일이 얼마나 어려운가를 나도 알아가는 사람이 되었다. 하여 그를 이렇게 조문했나 보다.

오늘은 참 가슴 아픈 날입니다. 토속적 언어를 맛깔스럽게 부려 쓰는 이문구 선생의 장례식이 있었지요. 그 옛날 문학의 길에서 암담해 하던 한 여성이, 신촌에 있는 서점에서 『관촌수필』을 사 들고 희망에 부풀어 밤잠을 설친 적이 있답니다. 우리 문학인들의 가슴에 많은 아쉬움을 남기고 떠나간 故 이문구 선생, 그 영전에 고개 숙입니다.

조회 수 20회라 표기된 글이다. 내 은밀한 창고격의 작은 홈페이지 게시판에 기록된 내용이다. 2003년 2월 28일 7시 11분. 막 홈페이지를 개설하고 대외적인 문인들 소식을 올리고 있던 중, 선생의 부음 소식에 조용히 옷깃을 여미고 있었다. 하지만 아쉽게도 그분 생전에 가까이서 뵌 일은 없다.

이문구 선생은 1941년 충남 보령군 대천읍에서 출생하여 1963년 서라벌예대 문예창작과를 졸업하고, 1966년 단편 「백결」이 『현대문학』에 추천 완료되어 등단했다. 1967년 단편 「지혈」, 「부동행」 등을 발표하며 왕성한 작품 활동과 후학을 위한 강단에도 서서 입심 좋게 강론을 폈던 분이다.

작가가 떠나고 몇 년이 흘러서야 그의 흔적을 찾아 나섰다. 작품의 무대를 밟아보며 솔바람 소리 들리는 언덕에 섰다. 어릴 때 뛰놀던 언덕에 유골을 뿌려달라는 유언대로 그는 고향뒷산

솔밭에 잠들어 있었다. 담배개비 물고 과거를 회고하며 변화해가는 현실을 고발하던 그는 소리 없이 방문자를 맞이하고 있었다. 소설 속에 나타나는 그가 살던 집터에도 다른 모양의 이층집이 자리하고….

"웬 쇠변을 그리 자주 본단 말이냐. 페에엥—"
"니열버텀(내일부터)은 짜게들 먹지 말거라. 뭘 그리 짜게 먹구 물을 켰더란 말이냐."
"얼른 다녀온."
그러면 우리 셋은 한꺼번에 일어나 함께 나가버리는 거였다. 할아버지는 시력이 시력답지 못했으므로 조심해서 기척만 안 내면 거뜬히 뜻을 이룰 수가 있었던 것이다. 더구나 할아버지는 일절 종아리를 때린 적이 없었다. 배우자고 와서 가르치는 게 아니라 당신 손자 위해 자청해 가르치기로 한 이상, 남의 귀한 자식들한테 그럴 수가 없다는 거였다.

(중략)
"뉘 집서 가저 온 게라느냐?"
"페에엥— 이것도 음석이라 가저왔다더냐. 네나 먹고 그릇 내어 주거라."

논픽션이라 했다. 이 연작소설 편 편의 앞머리에는 대부분 담배 한 개비가 등장한다. 서울에서 대학을 마치고 생활을 꾸려가는 그가 고향을 찾아 과거 회상에 잠기는 대목에서는 그 길쭉한 것이 입에 물린다. 하여 그와 담배 향연이 한데 어우러진다.

그의 문장, 6·25와 관련된 대목에서 20대 초반의 나는 전율했다. 여러 이야기가 있었겠지만, 세월 속에서 뇌리를 자극하는 언어는 오직 가슴을 찢어대는 듯한 그 강한 표현뿐이었다.
그럼에도 불구하고 나는 그 문장으로 인해 묘한 힘을 얻었다. 감히 작가로의 꿈을 버리지 않기로 마음먹었다. 담배를 꼬나문 표정에서 한 남자의 깊은 우수를 읽었는데, 그것이 한 여성의 앞날에 글을 쓰지 않고 살 수 없게 영향을 미친 것이다.

『관촌수필』을 다시 구매해 정독했다. 헌데 그때 무지몽매한 여성의 마음을 휘어잡은 대목을 만나기는 어려웠다. 잘못 읽었나 싶어 거듭 반복 읽기를 수차례. 역시 예전의 그 설움덩어리의 글자들은 눈에 띄지 않았다. 내 뇌리에 가득했던 울컥 토해진 과격한 표현구가 세월 속에 걸러진 것일까. "3대에 걸친 네 분의 신명을 하루아침에 잃은 폐허 속에서 겨우 살아남아 외롭게 된 나로서는, 그네들 한 가족이 소꿉장난하듯 움직이는 꼴이 여간 부럽지 않았다."고 응축된 문체로 에두르고 있다. 앞서 내가 잘

못 읽은 것이면, 글을 그리 대한 이 눈이 문제다.

그가 다루고 있는 세계는, 근대화의 물결에 후광을 얻는 도시적 삶이 아니라 근대화의 음지에 해당되는 도시 변두리나 농촌의 변화된 현실이다. 작가의 고향인 충남 대천을 중심무대로 어린 시절 추억을 그린 연작소설이 총 여덟 편으로 묶어있으며, 주제를 따져보면 근대화로 인해 붕괴되어가는 농촌 현실을 통한 따뜻한 인간애의 추구이다.

첫 번째 「일락서산(日落西山)」은 옛 모습을 찾을 길 없는 고향을 찾아가 전형적인 조선인이었던 조부와 과격한 좌익사상으로 희생된 아버지, 그리고 그들의 그늘에서 외로운 소년 시절을 보내다가 이제는 오랜 타향살이로 고향을 영영 잃어버린 본인에 이르는 3대를 그린다. 툭하면 "페에엥—."하면서 다소 괴팍스럽고 결벽증이 있는 조부의 성격이 잘 나타나 있다. 학동들이 훈장님 속여먹는 대목에서도 해학이 묻어난다. 아이들의 장난에 슬며시 속아줄 줄도 알았던 할아버지 훈육은 훗날 이 문구를 더욱 단단하게 한다. 아울러 할아버지는 이문구 의식의 기둥이다.

두 번째 「화무십일(花無十日)」은 피난민 일가에 대한 화자 어머니의 따뜻한 인간애를 다룸으로써, 우리 사회에 뿌리박고 있는 전통적 삶의 인간미를 감동적으로 전달한다. 세 번째 「행운유수

(行雲流水)」에서는 작가와 성장기를 같이했던 옹점이의 결혼생활과 인생 유전을 아픈 가슴으로 그리고 있다.

네 번째 「녹수청산(綠水靑山)」은 순박한 대복이와 그 가족에 얽힌 이웃 관계, 그리고 그 삶이 퇴색되어 가는 과정을 그리고 있으며, 다섯 번째 '공산토월(空山吐月)'은 이 책 전체에서 가장 감동 깊은 작품이다. 성실하게 살다 간 어느 청년, 석공 신 씨의 이야기이다. 직업은 석공(石工)인데, 그는 선산(先山)의 유택을 치장해 주는 등 화자의 집안과 밀접한 관계를 갖고 있다. 특히 6·25때 부역을 한 일로 인해 5년간 형무소 살이를 했고, 출옥 후에는 마을의 온갖 궂은일을 도맡아하면서 억척스럽고 성실하게 살았으나 37세의 한창 나이로 요절(夭折)하여 화자의 뇌리에 극적인 인상을 남긴다. 훗날 신 씨가 남긴 혈육을 화자가 도와줌으로써 의리를 지켜가는 모습이 눈물겹다.

여섯 번째 「관산추정(冠山秋情)」에서는 전통적인 마을 안을 흐르는 한내(大川)가 도시 소비 문명의 영향으로 파괴되어 가는 실상을 그리는 안타까움이 배어 있고, 일곱 번째 「여요주서(麗謠註書)」는 중학 동창인 친구가 아버지의 약값을 마련하기 위해 꿩을 잡아 팔려다가 발각되어 공권력에 시달리는 내용이며, 여덟 번째 「월곡후야(月谷後夜)」는 벽촌에서 소녀를 겁탈한 사건을 둘러싸고 벌어지는 동네 청년들의 응징이야기이다. 하지만 이 일에 가장 열 올리던 청년이 이른 새벽 배부른 처녀와 역전에 나와 있는 것이 화자의 눈에 들어오는 것으로 반전이 이뤄진다.

  우리는 그의 소설을 통해 한 시대를 읽는다. 그의 소설『관촌수필』은 단순히 토속적인 세계의 전통적 아름다움을 이야기하는 것이 아니라, 근대화 과정 속에서 겪는 변화의 실상과 양상을 다루고 있다. 만약 그가 평범한 가정의 자제였다면 어떤 성격의 작품이 세상에 남았을까.

  어느 사이 내가 적어 넣었던「이문구 선생 추모의 글」이란 제목이 낯설다. 벌써 그를 추모한 일조차 옛일이 되어간다. 그런 중에 소설로 남겨진 걸쭉한 그의 입담은 인간적 고뇌를 물씬 풍긴다. 솔바람 소리 들리는 언덕에 서면 그가 허허 웃으며, 점퍼 주머니에서 또 담배 한 개비 꺼내어 지그시 물을 것 같다. 그 향연에 삶의 희로애락이 녹아 은은한 울림으로 퍼져나갈 것 같다. 애달픈 인생길, 굽이굽이의 삶이란 그렇게 은유와 상징으로 찬찬히 녹여내는 것 아니던가. 나도 담배를 태울 줄 안다면 가슴 답답할 때 한 개비씩 입에 물고, 폼 나게 불 한 번씩 댕겨보고 싶다. 좋은 문체를 쓰는 작가는 세월이 가도 한없이 그립다.

―한국수필 2020. 3월호

작고문인 집중조명: 작품론

작품론 김수봉 선생의 「그날의 기적소리」

먼저 김수봉 선생의 문학작품을 집중조명하게 된 것을 뜻 깊게 생각합니다. 저는 수필문우회 회원이기 이전에 월간문학 출신 작가들의 모임인 대표에세이문학회 동인으로 활동하며 선생을 오래도록 뵈어왔습니다. 굳이 제가 아니어도 작품론을 쓰실 분들이 많을 줄 알지만, 20년 이상 쌓아온 선후배간의 정리로 선선히 청탁에 응해 부족한 필력으로나마 작품분석을 하게 되었습니다.

선생은 1937년 전남 나주에서 태어나, 조선대 국문과를 졸업하고 고등학교 국어교사가 되었습니다. 교직과 문학을 겸한 분이지요. 학창시절부터 문재(文才)가 돋보였던 선생은 2019년 5월 10일 작고 시까지 수필집 『전라도 말씨로』(1982. 예원), 8인 수필집 『황토에 부는 바람』(1982. 예원), 『예던 길 앞에 있네』(1989. 문학관), 『환상의 魚信을 찾아』(1997. 예원), 『역말 가는 옛길』(1998. 미리내), 『그날의 기적소리』(2000. 교음사, 한국 현대수필작가 대표작선집), 『삼밭에 죽순 나니』(2005, 선우미디어), 『소쇄원 바람소리』(현대수필가100인 선, 2008, 좋은수필사)를 출간하였습니다. 그리고 2019년 5월 10일, 세상을 뜨셨습니다. 작고 1주년기념 유고집이 4월 말경 간행 예정입니다.

「그날의 기적소리」는 선생의 초기작품으로, 쓰여진 시기가 약간 모호합니다. 선생이 본문 속에서 30여 년 전의 일이라고 밝히고 있는데요. 그때가 중학교 3학년 2학기 초가을이랍니다. 글 쓸 당시 선생의 연령을 짚어보면 대략 52세가 됩니다. 작가에게 글 쓴 시기가 중요한 것은 그 시대적 배경을 읽을 수 있는 까닭입니다. 연령대를 따라 달라지는 사회현상이나 개인의 심리적 인식차도 꿰뚫어볼 수 있는 연유이지요. 그래서 알아본 결과 1988년 『예술계』에 발표된 작품을 그해 8월 오창익 교수가 『월간문학』에 평을 실어 조명을 받은 바 있습니다. "그날의 기적 소리」는 중학생 시절을 회상하며 현실인식을 새롭게 하는 생활수필이다. 몰입과 자기도취로 자칫 이완되기 쉬운 신변수필에서의 공감대를 간결한 문장, 긴축적인 문단 구성으로 착실하게 유지한다. 구성도 전개도 소설적인 수법이지만 결코 소설이 따를 수 없는 정서의 구체화, 즉 자기 일상의 솔직한 객관화 작업이 거기에 내재되어 있음을 읽을 수 있다. 소설이 점차 수필화 되고 있는 지금, 두 장르가 서로 넘을 수 없는 한계라면 허상(虛像)과 실상이란 본질적인 차이, 그것뿐임을 명시하는 작품이기도 하다.(오창익)"

2007년 『수필세계』 가을호에 선생의 대담내용이 실렸는데 위의 이야기가 언급되어 있습니다. 이 밖에 박연구 선생이 맡았던 한국일보 수필 강의에서도 「그날의 기적소리」를 여러 차례 텍스트로 삼았고, 대학국어 교재에 채택되는 등 선생의 대표작이라는 말을 듣게 되었답니다. 이런 저런 정황으로 볼 때 이 수필을 탈고할 때의 선생 나이는 52세가 맞습니다. 초기 작품집 『예던 길 앞에 있네』에 실렸다가 2000년 교음사 수필선집 『그날의 기적소리』에 재수록된 것입니다. 창작기점은 이 정도로 정리하고 이제 본격적으로 작품의 구성과 형식면의 특이점을 살펴보겠습니다.

전반부 이상이 소설형식이며 3인칭 시점으로 긴박하게 내달립니다. 기차시간에 맞춰 뛰어가는 부자의 모습이 역동적이고 너무도 절박하여 아름다운 영상으로 펼쳐집니다. 6·25가 지난 직후, 읍내 중학교에 다니는 아들은 소박한 시골 부부의 큰 자랑이었을 것입니다. 아버지가 군청 서기를 지냈다고는 하지만 궁핍하기는 여느 집과 마찬가지였습니다. 문장에서 자식의 앞날을 위해 아버지가 짊어진 쌀자루의 무게는 언급도 되지 않습니다. 다만, 새끼줄로 동여매준 김치단지의 무게와 그것을 틀어쥔 손이 잘려나가는 것 같다고 적고 있습니다. 과감한 생략을 통한 여운입니다. '학업'이라는 중대사 앞에서 맏이의 자리는 웬만한 불편 요인들은 거뜬히 뛰어넘어야 할 소소한 것들임을 암시하는 대목입니다. 읍내에서 자취하는 아들이 주말을 이용해 다니러 왔을 때 들려 보내야 하는 것이란 목구멍으로 넘기는 생존을 위한 기본적인 것을 넘어서서 학교에 내야 하는 납부금입니다. 게다가 전쟁 끝이라는데, 시골 동네에서 돈 마련을 위해 읍내로 나갔던 어머니의 행보가 수월할 리가 없지요. 그러한 어머니의 입장은 앞에서 살필 겨를이 없습니다. 임박한 기차 시각에 맞춰 뛰어가기에도 시간은 역부족입니다. 허겁지겁 차에 오를 때까지의 장면은, 실감나게 문장을 부려 그림을 그리는 것과 같다 하겠습니다.

 이 글에 나타난 묘사의 힘이란, 기차역에 다다르기 위해 지나친 풍경들처럼 많은 것을 초월하게 합니다. 섣불리 설명을 붙이지 않더라도 영화 한 편을 압축해놓은 듯 함축미가 느껴집니다. 기차의 증기 뿜는 소리는 부자간의 거친 숨소리를 대신하며, 침묵 속에서도 아버지의 입장과 중 3짜리 소년의 내면세계는 굳건히 고리 지어져 믿음직스럽습니다. 전적으로 아들을 응원하고 그런 아버지의 지지를 받는 소년의 관계망이 짙은 여운과 함께 회화적으로 대단원의 막을 내리는가 싶을 즈음, 작가는 후반부에 와서 한 행을 띄워 깊은 사고로 사유를 폅니다. 인생 철이 든 중년에 이르러, 자신도 아버지의 자리에서 돌아보는 성찰입니다.

여기서 만나게 되는 타 장르와의 혼합, 삼십 수년 전의 수필쓰기에서 새로운 작법을 꾀한 과감한 시도로 보입니다. 동화나 소설처럼 읽힐 수 있는 구성적 요인들이 이 부분에 와서 비로소 수필로서의 완결이 이루어졌고, 김수봉 선생도 자신의 글을 돌아보며 여여(如如)한 마음이 아니었을까 유추해봅니다.

수필가 정태헌은 2005년 6월 대표에세이세미나 발제를 맡아 「수필문장, 어떻게 쓸 것인가」에서 「그날의 기적소리」에 대해 다음과 같이 서술하고 있습니다. "기차역을 향해 뛰어가는 부자의 긴박한 상황을 실감나게 묘사하고 있다. 어린 자식을 막차에 태우기 위해 자갈 깔린 신작로를 힘겹게 달려야 했던 아버지의 모습이 실제로 보듯이 구체적이고 선명하다. 표현하고자 하는 상황이 생동감이 있고 전달하고자 하는 의미가 분명하여 독자의 마음속에 상상 작용까지 일으킨다. 어린 자식이 어렵사리 기차를 따라잡을 수 있었던 힘의 반은 아버지가 함께 뛰어준 의지임을 독자는 깨닫게 된다. 전달하고자 하는 상황을 심화시키고 의미를 정확히 전달하기 위해 비유적 묘사가 동원되고 있다. 비유의 목적은 비슷한 다른 사물이나 현상에 빗대어 표현하고자 하는 대상을 뚜렷하고 선명하게 표현하려는 것이다. 대상과 상황을 묘사하기 위해서 참신하고 적절한 비유가 있을 뿐, 군더더기나 꾸밈은 보이지 않는다."

선생은 고교시절부터 이미 시를 써서 문예지 등에 발표해왔다는 이야기를 심심풀이삼아 들려주곤 했는데, 어느 때는 세미나 때 학창시절의 시편을 적어와 슬쩍 보여주며 빙긋 미소 짓기도 하였습니다. 『월간문학』 등단 이전에 첫수필집을 상재했고, 소설도 써보았다는 사실은 이번 선생에 대해 연구를 하며 처음 알게 되었습니다. 그 내용은 수필집 『전라도 말씨로』 후기에 잘 나타나 있습니다. "내 나이 어느새 불혹을 지나고도 반을 넘겼다. 글에 연령이 있을까마는 수필은 40대 이후의 문학이라고도 한다. 한동안 시도 쓰고 소설도 써봤다. 그러나 삶과 인생이라는 것에 한 꺼풀씩 눈을 떠가면서 나는 수필의 매력에 더 많이 끌려가고 있었다. 그 쌈빡한 맛과 진득한 감칠맛―. 십여 년 전부터 수필이란 걸 써오면서 새삼 문학의 맛을 되씹었으나 결국 내 인생의 치부(恥部)를 폭로한 것에 불과했는지도 모른다." 문학인생을 통틀어 수필 쪽으로 방향을 잡게 되는 고백입니다. 이런 절차로 볼 때 선생의 「그날의 기적소리」는 본문 안에서 밝히는 16세 소년의 30여 년 후를 근거로 하여 40중후반에 초안을 잡고, 그 후 더욱 시간을 갖고 묵히며 호흡조절을 하여 수필화한 것이 아닌가 여겨집니다. 소설적 분위기로 묘사가 매력적이고, 시적 수사로 비유가 힘이 있으며, 이 둘을 아우른 수필다운 힘으로 깊은 통찰의 눈을 확보할 수 있었다고 생각됩니다. 전반적으로 놓치지 않고

유지되는 매력은 글 밑바탕에 짙게 깔린 순수한 동심이라고 봅니다.

선생은 평소 수필작법에서 특유의 개성을 밝힌 바 있습니다. "나의 원고 쓰기는 지금도 원고지에 펜으로 씁니다. 그래야 생각의 막힘이 적고 스쳐가는 영상을 놓치지 않습니다. 컴퓨터가 나오기 전부터의 버릇이지만 지금도 고치고 싶지가 않아요. ―소재를 붙잡아 초고를 쓸 때 흐르는 생각만을 붙잡아 두죠. 처음엔 어법 따위는 생각을 안 해요. 그리고 마지막 문장이 끝나면 하루 이틀 묵혔다가 퇴고하는데 내 작품의 절반은 이 과정에서 이루어집니다. 컴퓨터 작업은 맨 나중에 합니다." 이번에 우리가 논하는 작품 「그날의 기적소리」에 대한 전개기법과도 맥이 통하는 논리이지 싶습니다.

끝으로 송규호 선생의 발문 일부를 옮기며 김수봉 선생에 대한 작품론을 마칩니다. "김 선생은 본바탕부터 입이 무겁다. 그러면서도 다정하여 그의 눈에는 언제 보아도 시원스럽고, 그의 가슴은 어디에서나 뜨겁기만 하다. (1982. 2. 15. 『전라도 말씨로』)"

―계간수필 2020. 여름호

작고문인 집중조명: 작품론
정명환 선생의 「내심의 비밀」 중심으로

먼저 고명하신 정명환 선생의 글을 언급하게 되어 자칫 우를 범하지 않을지 조심스럽습니다.

이 작품은 제목에서부터 풍겨져 나오는 흡인작용이 예사롭지 않습니다. '내심'만으로도 속마음이어서 은밀한데 '비밀'이란 한 단어가 더 붙어 있어 궁금증을 자아내 어서 읽어보고 싶게 만듭니다. 1978년 11월 18일자 조선일보에 게재되었던 원고입니다. 정명환 선생은 얼마 전에 받은 친구 P의 편지라는 말로 서두를 열어갑니다. 구성상에서 수미에 단 한 줄씩을 한 단락으로 구분 지은 점이 특색입니다. 그리고 나머지 내용은 알아보기 쉽게 액자식 서간체로 틀 안에 쏙 넣었습니다.

친구에게서 보내온 내용은 읽는 이로 하여금 많은 생각거리를 안겨줍니다. '가령'이란 전제를 달아 이런 일이 있다고 상정해보자 합니다.

청년 A가 넓은 강의 대안(對岸)에 있소. 그의 애인 B가 이쪽 강가에 있소. 그녀는 A를 만나러 시급히 강을 건너야 할 입장이오. 그러나 나룻배를 탈 돈이 없소. 그녀는 딱한 사정을 뱃사공 C에게 이야기해보았지만, C는 뱃삯을 못 받고는 건네줄 수 없다고 딱 잘라 거절하오. 그때 또 한 사람의 뱃사공 D가 다가와서 건네주는 대가로 그녀의 몸을 요구하오. 그녀는 울면서 그것을 허락하고 배를 타게 되었소. 그러나 대안에 닿았을 때 청년 A는 그 곡절을 알고 그녀를 버리고 마오….

이것이 사건의 발단인데 누가 옳은지 답해보라는 주문입니다. 그것이 친구 본인의 의견이 아니고 한 젊은이를 등장시킵니다. 젊은이가 친구 P의 도덕적 성향을 테스트하기 위해 낸 문제라는 것입니다. 요지는 이 중 누가 가장 좋고 누가 가장 나쁘냐를 가려보라고 합니다. P는 "나 같으면 차라리 뱃사공 C를 택하고 청년 A를 가장 미워하겠다."고 했답니다. 그러자 젊은이는 P에게 금전욕이 있다고 해석을 내렸다지요.

이쯤에서 우리는 많은 생각을 해보게 됩니다. 입장을 바꿔 내가 그녀 자리에 있다 치면 어느 쪽을 택할지 고심하게 되겠지요. 강 건너 언덕에 사랑하는 남성이 기다리고 이편에서는 사공에 의존해야만 그리로 닿을 수 있는 여건인데, 못되게도 엉뚱한 조건을 제시하는 뱃사공 D에게 우선적으로 화가 납니다. 그러나 여기서는 그런 문제가 아니라 상황은 다 만들어져 있고 누가 가장 나쁘고 가장 좋으냐는 답을 내리라는 것이 주된 문제이고 보니 달리 선택의 여지가 없습니다.

친구 P는 젊은이에게 열심히 본인의 견해를 설명합니다. '이 이야기에서 처녀 B는 상황의 전개자이니까 A, C, D의 행동이 문제가 되는데, 그들은 모두 제 나름대로 결함을 가지고 있다고. D는 남의 불행이나 약점을 이용하는 간악한 인간의 타입이고, A는 어떤 점에서는 그보다도 더 나쁘다고 목소리를 높입니다. 진실로 사랑한다면 애인의 그런 불가피한 잘못을 충분히 용서해줄 수 있어야 하는데, 도리어 그녀를 절망의 구렁텅이로 빠뜨리는 잔인한 가해자의 역할을 했다는 것이지요. 심지어는 가증스럽다는 표현까지 서슴지 않습니다. 그러면서 다양한 논리를 펴서 설득력을 발휘합니다.

여기서 눈여겨볼 점은 화자의 시선입니다. 정작 정명환 선생은 끝까지 친구 P에게 아무런 답신을 보내지 못하고, 외려 독자들의 의견을 묻는 것으로 글을 맺습니다.

하지만 이쯤에서 화자의 심리를 들여다보지 않을 수 없습니다. 선생의 작고 시점에서 글 발표 시기를 헤아려보면 그때의 연세가 44세인 것을 알 수 있습니다. 실제 친구에게서 그런 편지를 받았을 수도 있고, 아닐 수도 있다는 가정이 필요합니다.

우리가 글을 쓰며 누구의 어느 글귀를 인용할 때는 심리적으로 접근해볼 때, 화자의 의식이 거기에 닿아있기에 가능하다는 인식을 누구나 할 것입니다. 한창 청장년기의 학자로서, 실제 있음직한 상상 속의 밑그림을 그려놓고 탐구해가는 모습이 전혀 낯설지 않은 까닭입니다.

선생은 친구의 입을 빌어 우리가 살아가며 지표로 삼아야 할 이야기를 조목조목 전달합니다. 반성을 통한 자기인식이 지혜의 시초임에는 틀림없으며, 노자도 공자도 부처도 우리에게 그것을 가르쳐주고 있으나 자기에 대한 반성과 인식은 지혜에 대한 필수적인 조건이라고. 하지만 결코 충분조건이 될 수 없다는 것을 알고 있으며, 욕심에서 해방된 달관(達觀)과 그 달관에 기초를 둔 삶의 기술적 실천이, 자기반성이나 자기 인식의 작업에서 자동적으로 우러나온다고는 말할 수 없다고 어필합니다. 꼬리에 꼬리를 물고 사유의 강물이 넘실거립니다.

선생은 2013년 2월 현대문학에서 발간한 『인상과 편견』에서 다음과 같이 언급한 부분이 있어 첨부합니다. 이때는 「내심의 비밀」을 발표하던 때보다 훨씬 젊은 점을 알 수 있습니다.

- 한 작가의 사상이 어떻다고 미리 결정하고 그의 작품을 읽는 것은 참으로 마땅치 않은 일이다. 만일 그렇게 한다면, 우리는 작

품이 줄 수 있는 풍요한 의미를 등한시하고 또 작가의 변신을 모르고 지나간다는 큰 잘못을 저지르기 때문이다. (1952)
• 남의 결함을 지적하고 비판하는 것은 흔히 자신의 똑같은 결함을 가리고 옹호하기 위한 것이다. (1952)
• 육체의 욕구와 정신의 욕구의 이완성은 인정되어야 한다. 한 남자가 정신적 도취를 종교에서 발견하는 한편, 육체적 도취를 매음굴에서 찾는 것은 얼마든지 있음직한 일이다. (1952)
• 다양성이 없는 생활은 흐르지 않는 물과 같다. 그것은 그 자리에서 썩는다. (1952)

이상의 인용구 부분 부분에서 열려있는 사고를 확인할 수 있습니다. 그리고 이번에 다루는 글의 정서와 비교적 가까운 문체를 나타내고 있어 연결 지어 해석해볼 수도 있다고 봅니다.

끝으로 "체험이건 직관이건 간에, 모든 것이 참으로 뜻있게 되기 위해서는, 아무래도 자아의 본체를 인식해나가는 고역이 오랜 세월을 두고 선행되어야 할 것 같다."는 친구 P의 메시지는, 이제 정명훈 선생의 목소리로 전환되어 강하게 뇌리를 때립니다. 우리가 글을 쓰며 걸어가는 고행의 길과 닿아있는 연유입니다.

이상으로 저의 작품론을 마칩니다. 감사합니다.

—계간수필 2023. 겨울호

월평 | 한국수필 2018. 8월호를 읽고

대상과의 교감 혹은 역발상
―정태헌 수필가의 「속살 엿보기」

수필은 삶의 실체를 통한 대상의 연결이다. 어떤 사물이나 대상으로부터 느껴지는 가슴속의 소리를 들었을 때, 그 울림은 반갑기 그지없다. 그것이 수필을 든든하게 만드는 시초가 된다. 경험해본 사람은 다 아는 일이지만 내면의 울림이 아니고서는 글이 나가질 않는다. 일단 고요하던 가슴에 이 북소리와도 같은 울림이 시작되면, 그것을 놓치지 않으려고 시발점이 된 대상에 혼을 불어넣는 것이 작가의 사명이라 할 수 있다. 그리고 소재가 되는 것에 의식의 촉을 세워 천착해 들어가게 된다. 이것 또한 글 쓰는 이의 소임이다. 그러기까지는 여과의 시간이 필요하다. 처음 만난 소재가 곰삭을 때까지의 기다림을 수반하는 것이다. 이런 절차 없이 성급히 펜을 들이댔다가는 제대로 된 의미를 살려내기 어렵다.

이에 역발상은 세상의 많은 일들을 새롭게 만들어가는 힘을 지니고 있다.

 정태헌은 「속살 엿보기」를 통해 대상과의 깊은 교감과 역발상의 진가를 보여준다. 글 속에서 그는 놓친 대상에 대한 아쉬움으로 서두를 연다. 바닷가에서 노을을 바라보다가 굽잇길을 돌던 중 시야를 스쳐 숲속으로 사라진 물체를 보고 궁금증이 꼬리를 문다. 그러면서 어쩌면 지나친 물체가 멧새였든 박새였든 찌르레기였든 본인이 못 본 사이 그쪽에서는 이쪽을 바라보지 않았을까 의문을 품어본다. 눈앞의 대상을 놓친 것은 기실 노을 진 바다 위에 떠 있는 목선 때문이란다. 그곳에 번갈아 눈을 주며 운전을 하다 새 떼를 제대로 보지 못했다고 엄살이다.
 이쯤에서 한 번 짚어볼 점은 1인 몇 역인가 하는 것이다. 노을 아름답기로 소문난 곰소언덕에서 가슴이 서늘해지던 사람, 진종일 파도위에서 뒤뚱거리다가 갯벌에 몸을 푸는 석양빛 받은 배 한 척에 마음 가 닿은 사람, 게다가 목선과는 구체적으로 눈빛까지 섞고 있었단다. 그러면서 새 떼까지 또 차지하려 드니 여간 욕심이 아니고 무엇이랴.
 이러한 서정은 일상에서 만나는 꽃집남자와의 일화로 이어진다. 평이하게 눈에 보이는 대로의 해석이라면, 내가 그의 일상을 보았지만 실은 그가 나를 지켜본 것이 아닌가 하는 것이 새로운 발견이다. 그러면서 시야가 어두워진 지금 내 쪽에서 바깥쪽은 볼 수 없으나, 길섶의 쑥부쟁이가 차 안을 바라보고 있는지도 모른다고 상념의 폭을 넓힌다. 앞에서 거론된 대상들은 모두 의미 면에서 하나의 통일을 이루고 있다. 살아오며 만나는 물상(物象)들이 딱히 새 떼며 목선이며 꽃집 남자며 쑥부쟁이뿐일까. 스치듯 와 닿는 대상과의 교감을 제대로 확인하려는 의지를 '내통'이라 과감히 적어두고 있는 작가를 본다. 그 길에서 항상 마음자리를 벼리고 있는, 보이는 것 이면의 소리를 찾아내려 의식의 날 곤추세우는 작가의 결을 읽는다.

(원문)

속살 엿보기

정태헌

"어, 방금 스친 게…"

눈길을 앞으로 돌리는 순간, 뭔가 비탈진 숲속으로 가뭇없이 사라진다. 한 무리의 작은 날짐승 같은데 아리송하다. 바다 쪽으로 흘깃흘깃 눈길을 던지며 해찰한 탓이다. 운전석 옆자리에 앉은 사람은 보고도 모르느냐는 듯

"새 떼잖아요."

검지를 세워 창 앞으로 두어 번 가리키며 말한다. 아무래도 불안했

는지 앞을 보고 운전이나 잘하라는 나무람이 묻어 있다. 무슨 새냐고 물어보려다가 목울대 너머로 침만 꿀꺽 삼키고 만다.

서해 변산반도, 누군가 곰소 부근에서 노을을 바라보면 그 느낌이 그리 서늘하단다. 볼일이 있어 먼 길을 다녀오다가 그 말이 문득 떠올라 국도를 따라 들어선 길이다. 비탈진 산록을 등지고 넓게 펼쳐진 갯벌을 바라보는 눈맛이 괜찮을 성싶어서다. 해 질 녘인지라 바닷바람이 제법 소슬하다. 바닷가 언덕배기에 서서 노을을 바라보다가, 굽잇길을 천천히 감돌며 운전하는 중이다.

앞쪽 길과 오른쪽 바다 풍경을 번갈아 바라보며 운전하다 보니 차창 앞으로 순간 스쳐 지나간 무리의 정체를 놓치고 만 게다. 멧새였을까, 박새였을까, 어쩌면 찌르레기였는지도 모른다. 뜬금없는 생각이 든다. 난 새 떼를 보지 못했는데 새들은 순간 나를 바라본 게 아닐까 하고.

새 떼를 놓친 것은 기실 그 목선 때문이다. 노을 진 바다 위에 떠 있는 목선 한 척에 눈길이 쏠려 있던 참이다. 진종일 파도 위에서 뒤뚱거리다가 갯벌에 겨우 몸을 풀고 있었으니까. 노을에 젖은 채 목선은 반짝이며 빛을 발하고 있다. 목선도 나를 바라보고 있다는 느낌이 사뭇 든다. 나만 목선을 바라보는 게 아니라 나도 목선에 보이기도 했을 테니까. 서로 눈빛을 섞고 반응한 것일까. 이는 저물녘의 난취(爛醉), 노을 때문이었는지도 모른다.

뿐이랴. 일상의 거리에서 스치는 사람들을 바라보며 여러 상념에 젖곤 한다. 앞모습에서 그 사람의 이미지가 잡히지 않으면 뒷모습을 보고라도 생각을 마무리한다. 저 중년 사내는 차돌같이 단단하나 막상 망치를 들이대면 쉬 깨지겠군, 이 여자는 겉은 화사하지만 속은 얼룩이 많네, 저 노인네는 겉은 곤핍해 보이지만 뒷모습이 넉넉해 보인단 말이야, 중학생 이 녀석은 덜렁대지만 그래도 제 할 일은 제법 하는 놈이야 등등. 그건 내 일방적인 느낌과 생각이지만.

서너 달 전, 집 근처 길가에 자그마한 꽃집이 하나 들어섰다. 처음엔 무심히 지나치다가 문밖에 내놓은 꽃에 차츰 눈길이 가기 시작했다. 지나치다 보면 꽃집 안에서 어른거리는 주인의 뒷모습만 가끔 흐릿하게 보일 뿐이었다. 근처에 아기 낳는 큰 병원이 있어서인지 꽃집엔 손님들이 간간 보였다.

하루는 그 근처에 볼일이 있었다. 꽃집 앞을 스쳐 예닐곱 발짝을 옮기는데 뒤에서 경적이 울렸다. 뒤돌아보니 꽃집 앞에 멈춘 승합차 조수석에서 예닐곱 살 단발머리 어린애가, 운전석에선 몸피가 작달막한 중년 여자가 내렸다. 그와 동시에 꽃집 창문이 열리고 그들은 함께 꽃집 안으로 들어갔다. 두 사람은 아내와 딸이라는 생각이 들었다. 꽃집 주인은 뜻밖에 남자였다. 단란한 가정이구나, 눈길을 거두어 볼일 때문에 발걸음을 재촉했다.

그 며칠 후, 차가 말썽이 나 카센터에 맡기고 걷게 되었다. 마침 축하 꽃을 보내야 할 데가 있었는데 지나는 길에 그 꽃집에 들러 배달을 부탁하면 되겠지 싶었다. 꽃집 남자는 창가에 서서 밖을 우두커니 바라보고 있었다. 그날따라 비가 쏟아지는 저물녘이어선지 꽃집 안에 손님은 보이지 않았다. 꽃집 남자를 가까이서 바라보기는 처음이었다.

헐렁한 쥐색 바지에 후줄근한 회색 남방셔츠를 입고 있었는데 표정이 지쳐 보였다. 일전 단란하게 보였던 느낌은 사라지고 왠지 애잔한 느낌이 밀려왔다. 다발을 만들기 위해 꽃을 손질하는 남자의 팔목에 돋은 퍼런 핏줄과 수척한 얼굴, 그리고 흐린 눈매 때문이었을까.

불쑥 생각이 들었다. 내가 그를 보고 느낀 것처럼 혹시 그도 나를 보고 어떤 생각이 든 게 아니었을까. 꽃집에 들어서기 전에 그도 창가에서 이미 나를 보았으리라. 바짓가랑이를 빗물에 적신 채 걸어오는 우산 속의 사내를 보고 남루와 연민을 느낀 것은 아니었을까. 꽃값을 치르고 나오는데 등 뒤로 낮게 들려온 그의 목소리가 그런 생각을 들게 했다. 우린 서로 느낌과 생각을 섞은 인식의 대상이었을까. 이는 저물녘의 중얼거림, 비 때문이었는지도 모른다.

노을을 거느리고 해는 수평선 너머로 사라진다. 차 불빛을 전조등으로 바꾼다. 불빛을 따라 앞길이 환하게 밝아진다. 하나 좌우 바깥 주변은 어스레하다. 이제 그 어둠 속을 바라볼 수가 없다. 하지만 길섶의 쑥부쟁이가 차 안을 짯짯이 바라보고 있는지도 모른다. 그 눈길을 알아내기 위해 의식의 갈피를 되작거리며 이제 자신을 곱새겨 보려 한다. 물상(物象)을 엿보고 그와 내통하려면 마음자리와 눈길을 어떻게 벼려야 할는지를.

이처럼 독자의 마음을 감화시키는 수필은 크게 분석을 하지 않아도 매개를 통한 문장 자체로 빛난다.

"문학은 어떠한 형태로든 그 시대를 반영한다."는 말이 있듯이 진실을 바탕으로 하는 수필에서는 더욱 이것이 요구된다. 수필은 그 시대의 사회상을 조명하는 정신문화사적인 글이다. 지적 충족에서 오는 쾌락이기도 하고, 삶의 본질을 반추하는데서 맛보는 심적 정화일 수도 있다. 수필의 이상(理想)은 바로 여기에 있다.

수필에서 작품 속의 나는 곧 화자 자신이고, 이 화자는 자신이 그려내는 문체를 통해 그 개성이 나타나기 마련이다. 즉 화자인 '나'의 성격이 수동적인지 능동적인지도 문체에서 드러나고, 온유한 성품인지 강성의 소유자인지도 문체에서 어느 정도는 판가름나는 것이다. 화자가 작품 속에 얼마만큼 녹아드느냐의 차이에서 평면적일 수도 있고 입체적일 수도 있다. 글의 성격에 따라, 그리고 작가의 의도에 의하여, 동적(動的)일 수도 있고 지극히 정적(靜的)일 수도 있다. 이 모두가 대상과의 교감을 어떻게 용해시키느냐에 따라 작가의 몫이 갈린다고 본다. 아울러 불현듯 일어나는 역발상의 새롭게 보기를 통해, 의식의 단이 고정화되어가는 점을 항상 경계해야 하리라.

―한국수필 2018. 9월호

서평

언어의 경제적 곡선을 타고 노는 연금술사
―정태헌 에세이집 『목마른 계절』의 「여울물 소리」

　한 작가가 빚어내는 언어는 깊고 높은 경지의 정신적 공간에서 어루만진 미세한 숨결이다. 사람의 얼굴이 천차만별이듯 작가마다 글을 빚는 형태도 다양하고, 같은 재료라도 어떠한 용도로 어떻게 버무려내느냐에 따라 향기가 달라진다. 그리고 얼마나 가치 있는 글감을 어떻게 형상화시켰느냐에 따라 글의 성패가 좌우된다. 특히 수필이란 특유의 그릇은 작가의 사상이 더욱 두드러지는 장르이기에 이러한 점들이 더욱 예민하게 반영된다.
　그런 맥락에서 정태헌 수필가는 곡선의 미를 차용하여 깨달음의 향기를 담아 나르는 역할을 한다. 첫수필집 『동행』 이후 5년 만에 펴낸 『목마른 계절』에는 서정과 사유로 두런두런 퍼 올린 사념들이 부드럽고 섬세하다. 문체가 다감하여 흡인작용을 하는가 하면, 나지막한 언어로 조곤조곤 핵심을 슬쩍 전달하고 어느 틈엔가 저만치 물러나 시침 뚝 떼고 있다. 시적 은유로 함축을 꾀하는가 하면, 소설적 구성으로 극적 역량을 보여준다. 늘 사유가 깊어 목이 마르다.

 글을 읽는 사람은 골격이 튼실한 작품을 만날 때 더 없이 흐뭇하다. 직선으로 드러난 길보다 우회의 길에서 의미심장한 문장을 만날 때 '옳거니' 하고 무릎을 치게 된다. 그 효과를 잘 활용하여 쓰는 작가가 바로 수필가 정태헌이다. 어느 글에서는 결곧은 걸음걸이로 저 높은 경지에서 성인(聖人)의 육성을 내고, 또 어느 글에서는 함께 따라 울어주어야 할 정도로 지극히 섬세한 인간적 면모를 보여준다. 그만큼 인간살이의 본질을 향한 시선에 연민의 정이 흐르는 작가이다.

 아울러 그의 언어에는 추호의 낭비가 없다. 언어의 경제성은 이 책 첫머리에 수록된 「여울물 소리」에서부터 읽어내게 된다. 외물에 정신 팔려 듣지 못했던 소리를 들을 때, 그 어느 독자라도 떨지 않고는 배겨낼 수 없을 것이다. "강변 풍경에 참척하여 놓치고 있었던 소리", 그가 말하는 여울물 소리다. 그는 그 소리가 맨가슴을 파고들어 짜르르 핏줄을 탄다고 표현하고 있다. 적요와 침묵이 때론 울림을 주는 모양이라고 풀어낸다. 고도의 절제미를 드러내는 문장이다. 이러한 긴박감을 따라가다 보면, 그의 문장 곁에서 숨을 크게 쉬는 것조차 결례로 느껴질 때가 있다.

 원고지 5매 안쪽의 이 글에서 그가 비중을 두는 소재는 여울물과 그것이 들려주는 소리이다. 외물에 정신 팔려 듣지 못했던 소리라고 이르는 것이 물소리인데, 그 소리는 이미 심상(心想)과 동화되어 일어나는 깨침의 소리이다. 눈앞의 물상 따위를 뛰어넘음으로써 만나는 그윽한 내면의 파장이다. 그 소리를 의미로 끌어낸다.

독자는 작가의 의식보다 앞서나간다. 이를 알기에 우리는 언어의 경제성을 논하게 된다. 그 곡선을 자유자재로 타고 노니는 작가에게 더 이상의 궤변이 무슨 소용이랴. 그럼에도 불구하고 지면사정상 다른 비중 있는 작품들을 더 언급하지 못하는 점이 다소 아쉽다. 앞으로 또 다르게 펼쳐질 그의 작품세계에 기대를 걸게 된다.

(원문)

여울물 소리

정태헌

봄 배웅하고 여름 마중하러 나선 섬진강 나들잇길. 봄 강변이 숫기 없는 소년의 목덜미라면, 여름 강변은 살 감춘 처녀의 치맛자락이다. 굽이저 흐르는 강변엔 두 철의 얼굴이 얼크러저 있다.

강바닥에 잠긴 어울 돌들이 거울져 은어 떼같이 반짝인다. 강바람에 몸을 뒤척이며 수런대는 미루나무 잎새 사이로 햇살이 산산이 부서진다.

바람이 스치는 만산 녹엽, 강굽이 근처 원두막에 자리를 잡는다. 아까부터 바람결이 수상하고 하늘에 먹장구름 두어 장 흐르더니 그예 소나기 한 줄금 쏟아진다. 미루나무 잎새를 밟고 달리는 빗소리가 사뭇 호도깝스럽다.

여울목에선 물살이 금방 세차다. 소나기와 미루나무 우듬지에서 쏟아지는 매미 소리 때문이었을까. 일행 중 P 선생은 낮술 몇 잔에 얼굴이 불콰해지더니 목청을 높인다.

왜가리 한 마리 빗속으로 금을 그으며 강변을 스쳐 날아간다. 한바탕 쏟아지던 소나기 문득 꼬리를 사리자 바람이 멎는다. 매미 소리는 소나기로 뚝 끊긴 채다. 일행의 목소리조차 잦아진다. 순간 적막이 흐른다.

차츰 귀가 뚫려 밝아지더니 여울물 소리 소쇄하게 들려온다. 주변 풍경과 소리, 외물에 눈길이 팔려 듣지 못했던 청음(淸音), 비로소 귓가에 소소명명히 들려온다.

투명한 화음이 메아리처럼 되돌아온다. 맴돌며 가락지다. 갈맷빛 녹음 담아 청정하다. 강변 풍경과 저편 소리에 참척하여 그동안 이 맑은 소리를 놓치고 있었던가.

여울물 소리, 맨가슴으로 파고들어 짜르르 핏줄을 탄다. 온몸을 돌고 돌아 정수리에 똬리를 튼다. 앙가슴이 여울져 아슴아슴해지고 감관이 떨리더니 차츰 아련하게 침잠한다.

적요와 침묵, 때론 이리 맑은 울림을 주는 모양이다. 슈만이 그랬던가. "말이 끝나는 곳에 비로소 음악이 시작된다."고.

—선수필. 2008. 여름호

5장
글과 사람의 조우

낭만의 결이 깃든 작가
— 남사 정봉구(鄭鳳九) 선생

시조시인 이영도에 관한 객관적 해석

채운(彩雲) 닮은 노신사 윤재천 선생

풍류와 멋과 수필의 촉수 김수봉 선생

수필 쓰기 위해 태어난 신사 최원현 선생

환희를 향한 생(生)의 노래
— 신진호 시집 『젓가락이 숟가락에게』

그릇에도 울림소리가 있다
— 이순금 수필집 『물을 토하는 화공』

그의 글에는 사람들이 펄떡인다
— 장석례 수필집 『따뜻하면 좋겠어』

고풍적 향취와 객관적 시사
— 권혜선 수필집 『어린것들은 예쁘다』

작고문인 집중조명: 작가론
낭만의 결이 깃든 작가
―남사 정봉구(鄭鳳九) 선생

수필가, 번역가, 불문학자로 잘 알려진 정봉구 선생은 여기서 멀지 않은 경기도 화성시 송산면 출신입니다. 1925년 12월 9일 초계(草溪) 정(鄭)씨 시조 광유후(光儒侯) 홍문공(弘文公) 정배걸공(鄭倍傑公)의 제33세손으로 경기도 화성군(지금의 화성시) 송산면에서 아버지 정재현(鄭裁玄), 어머니 김국향(金菊香) 씨의 장남으로 태어났습니다. 출생 후부터 광복까지 향리의 한문서당에서 2년 간 한문을 수학하고, 보통학교 3년 수학 후 서울로 옮겨 심상소학교, 고등소학교, 공업학교 과정을 졸업했습니다.

1945년~1950년 사이에는 광복의 열광을 안고 모인 청년 작가 모임인 백맥(白脈) 결성에 동인으로 참여하여 문학 활동을 했고, 그 후 시인으로 문단에 참여하며 시 창작을 하기도 했습니다. 해방 후 성균관대학 예과를 졸업하고, 성균관대학 불문과에 입학하여 수학했습니다. 그러다가 한국전쟁 중 국민병에 동원되어 복무했습니다. 1950년 초등학교 교사직에 있던 파평(坡平) 윤씨 집

안의 윤경의(尹庚義)와 결혼하여 2남 2녀를 두었습니다.

교육활동으로 선생은 향리에서 송산중학교 설립에 참여합니다. 유지들의 협조로 면 소유지 산에 학생들과 흙벽돌을 직접 찍어 교사 건물을 짓고, 영어담당 교사로 취임해 교육활동에 발을 들여놓게 됩니다.

1958년에는 다시 학문에 뜻을 두고 성균관대학교 불어불문학과에 복학하여 졸업하고, 이어서 성균관대학교 대학원 불어불문학과 석사과정을 졸업하며 문학석사 학위를 취득합니다. 이때 석사 논문은 「빅토르 위고 詩의 낭만주의 世界」입니다. 1958년~1965년 사이 상명여자고등학교에 재직하게 되는데, 국어 담당이었다가 3년 후 불어를 담당합니다. 마침내는 성균관대학교 대학원 불어불문학과 박사과정을 졸업하며 문학박사 학위를 취득합니다. 박사논문은 「Alain의 행복발견과 정념사상 고찰」이지요. 이후 상명여자사범대학 불어교육과 교수로 시작하여 항공대학, 성균관대학, 이화대학, 한양대학, 중앙대학, 인천대학 등에서 불문학 강의에 매진했습니다.

문학 활동으로는 프랑스 소설번역 『포화(砲火)』를 비롯해 계속 번역문학 활동을 하여, 프랑스문학 각 분야 번역서로 20여 권이 있습니다. 1970년~1972년에 수필동인지 「現代隨筆」 동인으로 참여, 본격적인 수필창작 활동에 들어갑니다. 1974년 첫수필집 『크로바의 회상(回想)』을 출간하고, 1979년~1980년 프랑스 정부 초청 '새로운 프랑스어교육을 위한 연수'로 그토록 열망하던 파리에 체류하며 프랑스 문물을 견문수학하게 되지요. 1981년부터는 수필문우회 동인으로 참여하며『계간수필』을 통해 왕성한 작품 활동을 펴나갔습니다. 한국불어불문학회에서는 이사와 감사직을 거쳐 회장직을 역임했는데, 1991년 숭실대학교 불어불문과 교수를 끝으로 법정 정년퇴임하였습니다. 이어 1985년 제2수필집『영혼의 새벽』을 출간하고, 한국수필문학진흥회 부회장직(기관지『수필공원』)을 맡아 책임을 다하기도 했습니다.

문학적 성과로는 1987년 한국번역가협회가 제정한 '번역문학상'을 받는 등, 프랑스문학과 관계해서 공헌이 크다고 하겠습니다. 1991년 제3에세이집『우리의 행위는 우리를 뒤따른다』를 출간하고, 대학교수 정년식장에서 '대한민국 국민훈장 동백장'을 받았습니다. 그 후 1994년까지 3년간 숭실대학교 특별대우강사로 재직하는 등, 다양한 문학강의를 통해 수필창작 지도에도 힘썼습니다. 1994년 한국수필가협회가 제정한 '수필문학상'을 받았고 1995년 제4에세이집『첫맛과 끝맛』을 출간했으며, 수필이론서『새로운 에세이 작법』으로 이론을 펴기도 했습니다. 1998년에는『수필과 비평』사가 제정한 '신곡문학상'을 수상하였고, 1999년『에세이 프랑스문학』과 1999년 수필선집『축제거리에서 산 장미』등이 출간되었습니다.

특이사항으로 한국문인협회에서는 수필분과 회원인 반면, 국제펜클럽 한국본부에서는 번역분과에서 활동하였습니다. 그러다가 선생은 2002년 9월 지병인 위암으로 작고하셨습니다.

이 밖에 선생은 아호를 손수 '남사(南沙)'라 지었는데, 이는 남양의 '남'자와 사강의 '사'자를 딴 것입니다. 여기 거론된 지역은 제가 잘 알고 있는 곳이어서 자연히 그곳에 가면 선생 생각이 나곤 합니다.

무엇보다도 평생에 근사한 소설을 쓰는 것이 꿈이라던 말씀이 기억납니다. 그러나 결국 선생의 소설은 보지 못했습니다. 덧붙인다면 선생은 천성이 자상하고 따뜻한 인품의 소유자였다는 얘기를, 학창시절 그분의 불어제자였던 사람에게서 확인할 수 있었습니다. 이상으로 수필가 정봉구 선생의 작가론을 마칩니다.

—계간수필 2013. 여름호

작고문인 집중조명: 작가론

시조시인 이영도에 관한 객관적 해석

    이영도 시조시인은 1916년 10월 22일 경북 청도군 청도읍 내호리 259번지에서 아버지 우강(又岡) 이종수(李鍾洙)와 어머니 구봉래(具鳳來) 사이의 3남 2녀 가운데 막내로 태어났습니다. 사립학교 의명학당(義明學堂)을 세운 조부 이규현(李圭現)은 고명한 한학자이자 선비였으며 서화에 능했는데, 이영도는 일찍이 천자문과 소학을 익혔고 타고난 문재(文才)를 키워 1924년 밀양 보통학교에 입학해 기차로 통학하는 한편 조부가 운영하는 학당에서도 공부를 이어갔습니다. 이영도의 오빠 이호우도 1936년 『동아일보』 신춘문예에 당선작 없는 가작에 입선되었으며, 1940년 가람 이병기(李秉岐) 선생의 추천을 받아 6,7월호로 문단에 나왔습니다. 한 집안에서 남매 시조시인이 나온 것이지요. 오누이 시조집으로 『비가 오고 바람이 붑니다』(중앙출판공사)를 발간한 바 있습니다. 이들 남매가 조부의 영향을 받은 반면, 일제 때 여러 고을의 군수를 지낸 아버지의 부재는 남매에게 시대적 우수와 고독을 안겨주기에 일조를 했습니다.

이영도는 정향(丁香)으로 쓰던 초기의 아호를 후에 정운(丁芸)으로 고쳐 쓰기도 했습니다. 중국 북경대학에 유학하고자 한 꿈도 있었으나, 시대 상황이 날로 어수선해지자 조부모의 뜻을 따라 1935년 20세에 대구의 부호인 박기주(朴基澍)와 결혼하였습니다. 1936년 10월에 딸 박동지(후일 박진아로 개명)를 얻었으나 1945년 8월 원래 병약했던 남편과 사별합니다. 마침 때를 같이한 해방이 청상과부라는 슬픔의 틀에서 자유를 부여하는 계기를 동반하지요.

이영도는 결혼 전에 쓰다만 시조노트를 꺼내들었고, 통영여중(1945년 10월~1953년 5월)을 시작으로 부산 남성여고(1953년 5월~1954년 10월), 마산 성지여고(1954년 10월~1956년 9월) 등에서 교편을 잡았습니다. 통영여중 가사선생님으로 부임하면서 생애 커다란 전기를 맞게 되는데, 그것은 바로 청마(靑馬) 유치환(柳致環) 시인과의 만남입니다. 이들의 사랑은 많은 안타까움과 우여곡절을 거듭하며 1967년 유치환이 사망할 때까지 20여 년간 변함없이 지속되어 서로의 문학세계 속에 온전히 스며들었습니다. 유치환이 이영도에게 보낸 연서가 5,000통에 이르렀고, 유치환이 교통사고로 세상 뜬 뒤 그 일부가 『사랑하였으므로 행복하였네라』라는 서간집으로 묶여 세간의 큰 반향을 불러일으켰습니다. 통영여중에서의 이러한 분위기는 결국 이영도로 하여금 문학의 길로 접어들게 하여 1946년 5월 『죽순』 창간호에 「제야」를, 같은 해 8월 제2집에 「낙화」와 「춘소」를 발표하면서 문단에 등단합니다.

　천성이 부지런한 그녀는 문학 외에도 아이들 교육 등에 심혈을 기울여 매사 열정을 쏟았습니다. 그러다 보니 폐침윤 발병으로 1949년 5월 마산결핵요양원에서 1년간 요양하게 됩니다. 이즈음 그는 불교에서 기독교로 개종도 합니다. 그리고 부산 남성여고 시절 당호를 '수연정'이라 짓고 그곳에서 첫 시조집인 『청저집』을 출간하여 시조 문단의 중심인물로 떠올랐습니다. 이번엔 당호를 닭이 운다는 의미의 '계명암(鷄鳴庵)'이라 지어 불렀는데, 2년여의 요양 끝에 건강 상태가 좋아지자 다시 거처를 부산으로 옮겨 부산여자대학교에서 강의를 시작하였으며, 『부산일보』에도 고정적으로 집필을 하였습니다. 그는 이어 동래 온천장 부근에 주택을 마련하고 당호를 '애일당(愛日堂)'으로 지었으며, 본격적인 애일당 시대를 열어나갑니다. 여기서 첫 수필집 『춘근집(春芹集)』을 발간하여 수필가로서도 주목을 받습니다.

　1964년에는 부산 어린이회관(애성회관) 관장에 취임하였으며 여성교양문화 모임인 '달무리회'를 창설하여 범 부산시민운동으로 발전시켰습니다. 이 같은 사회 전반에 기여한 공로를 인정받아 1966년에는 '말없이 행동하는 문화인에게' 수여한다는 취지의 눌

원문화상(訥園文化賞)을 수상하고, 같은 해에 두 번째 수필집 『비둘기 내리는 뜨락』을 발간하는 등 절정의 문학 활동을 펼쳤습니다. 그러던 중 1970년 오빠 이호우가 갑작스레 사망하자 크게 상심하여, 이듬해 수필집 『머나먼 사념의 길목』을 간행했습니다. 1975년에는 수필 선집 『애정은 기도처럼』을 간행하였으며, 한국시조시인협회 부회장과 여류문학인회 부회장을 맡았고, 서울생활을 하는 동안 재능 있는 시조시인들을 지도하여 문단에 세우기도 했습니다.

이렇듯 사랑과 아픔을 아우르고 살아가던 이영도 시인은 1976년 3월 6일, 뇌일혈로 세상을 떠났습니다. 3월 8일 이은상 시인을 장례위원장으로 문인장을 치른 뒤 화장을 했고, 3월 9일 경상남도 밀양시 상동면 고정리 산 314번지의 친정 선영에 묻혔습니다. 이은상 시인은 "이영도는 아름다운 여인이었다. 다정다감한 여인이었다. 그러나 그보다는 맑고, 고요하고, 격조 높은 시를 쓰고, 시를 이야기하고, 또 시를 생활화하고 간 여인이었다고 하는 것이 오히려 그의 참모습을 전해주는 가장 적절한 말"이라고 시조집 『언약』 서문에 적어둔 바 있습니다. 한국적 전통과 문명 비판적 가치관을 아우르며 작품으로 승화시켜온 이영도의 삶은 시보다 더 시적이었다고 볼 수도 있겠습니다. 유고시집으로 『언약』이, 유고수필집으로 『내 그리움은 오직 푸르고 깊은 것』이 있습니다. 그는 사후에도 오빠 이호우와 고향마을에 나란히 섭니다. 내호리 오뉘공원에 이호우의 「살구꽃 핀 마을」과 이영도의 「달무리」가 시비로 세워졌습니다.

> 살구꽃 핀 마을은 어디나 고향 같다
> 만나는 사람마다 둥이라도 치고 지고
> 뉘 집을 들어서면은 반겨 아니 맞으리.
> ─이호우의 「살구꽃 피는 마을」 중에서

> 우러르면 내 어머님
> 눈물 고이신 눈매
> 얼굴로 묻고
>
> 아, 우주(宇宙)이던 가슴
> 그 자락
>
> 학(鶴)같이 여시고, 이 밤
> 너울너울 아지랑이
> ─이영도 「달무리」 전문

그녀가 세상 뜬 지 42년, 이번 이영도 작가론을 준비하며 그의 작품집을 구하기가 다소 어려웠던 점이 아쉬움으로 남습니다. 어쩌면 오빠 이호우와 연인 유치환이란 거목의 잎이 무성하여, 우뚝한 여성작가로서의 독립된 객관적 해석에 시야가 살풋 가려지는 것은 아닌가 하는 생각도 들었습니다.

—계간수필 2018. 가을호

운정 선생 팔순 즈음하여
채운(彩雲) 닮은 노신사 윤재천 선생

석양이 붉다. 잿빛 구름이 슬쩍 건들고 지나간다. 이내 푸른 바탕 위에 다채로운 빛깔이 수 놓인다. 주홍, 진청, 파랑이 가닥가닥 모였다 흩어지고 흩어졌다 모이기를 반복하며 차츰 제3의 다채로운 무늬를 만들어간다.

반 넋을 놓고 하늘의 몸짓을 바라보자니, 고수머리에 미소가 환한 신사가 떠오른다. 청바지 차림에 걸음걸이 의연한 신사가 떠오른다. 빠르지 않은 언변에 버릴 말 한마디 모르는 신사가 떠오른다. 다감한 말씨와 정곡을 꿰뚫는 눈빛으로 사람 머뭇거리게 하는 신사가 떠오른다. 이 모두가 한 어른, 운정 선생이시다.

선생과의 인연이 시작된 이십여 년 전으로 시간의 태엽을 돌려본다. 한창 시를 공부하며 수필의 맛을 알아갈 때 선생을 처음 뵈었다. 안양권의 문학도들 앞에 초청되어 오신 선생은 티셔츠에 청바지 차림이었다. 목선까지 내려오는 뒷머리에서도 부드러움의 멋이 풍겼고, 한 말씀 한 말씀 내놓는 수필에 대한 지론은 새로워져야 한다는 데 무게가 실리고 있었다. 그 무렵 『월간문학』 등용문에서 연이어 고배를 마시던 나는 노트를 펼쳐놓고 받아 적기에 바빴다.

선생은 젊은 시절에 이 지역과 인연이 깊다 하셨다. 제약회사 '유한킴벌리' 건물이 자리한 일대를 옛 이름 '포도원'이라 하는데, 포도밭이 성행할 때 다녀간 추억으로 젊은 날의 한 페이지가 어리어 있는 곳이라 했다. 그런 말씀을 하실 때 나는 젊디젊은 운정 선생과 포도밭을 얽어대어 보기도 하였다. 누구에게나 젊은 날이 있고 인생의 경륜이 쌓여가기 마련이다. 하지만 그때는 내가 비교적 젊어 시간의 속도를 잘 알아차리지 못했다.

그 후 선생을 뵌 날은 『월간문학』 출신 작가들의 모임인 대표 에세이문학회 세미나장에서였다. 팔당호반의 호텔 아리아하우스에서 열린 세미나에 외부 강사로 오신 운정 선생은 「테마가 있는 삶, 테마가 있는 에세이」에 대해 열강을 해주셨다. 그때 하신 여러 강론 중 짧은 수필에 대한 언급도 있었다. "제대로 써서 제게 한번 보여 봐라." 하는 대목에서 더욱 열정적이셨다. 이전부터 한창 함축수필에 결 다듬고 있던 나는 꼭 내게 하시는 주문으로 받아들여져, 선생께 제대로 된 단(短)수필을 보이는 날을 나름 벼리게 되었다. 어린아이도 재롱을 보아주는 어른이 존재할 때 더욱 예쁜 짓을 한다. 철든 작가라 하여 그러한 눈길을 외면

할 수 있겠는가. 어쭙잖은 내 글을 알아보고 기다려주는 문단 어른이 계시다는 것은 생각만으로도 벅차오르고 신나는 일이었다. 그때 함께 찍은 기념사진을 지금 와서 보면, 눈부신 날들에 가슴이 고동친다.

 수필에 대한 연구로 인생 절반 이상의 혼을 불어넣으신 선생은 어느새 팔순 생신을 앞두고 계시다.

 기념문집을 엮는다며 내게도 청탁이 들어왔다. 드디어 생신 잔칫날이었다. 넥타이를 매고 양복 입으신 모습을 처음 뵈었는데, 그 차림에서도 은은한 멋은 여전했다. 그러고 보면 사람에게서 풍기는 멋이란 몸을 감싼 의상이 좌우하는 것이 아니라 인품이란 그릇의 광채로 판가름 나는 것이 맞는 말 같다.

 '구름카페'는 나의 생전에 존재할 수 없는 것이어도 괜찮다. 아니면 숱하게 피었다가 스러지는, 사랑하는 사람들이 늘 곁에 존재해 어디서나 만날 수 있고 느낄 수 있는 행복의 장소이어도 괜찮다. 흘러가는 구름이 작은 물방울의 결집체이듯, 이 모든 것은 현실에 존재하지 않기에 더 아득하고 아름다운지도 모른다. 그러나 나는 꿈으로 산다. 그리움으로 산다. 가능성으로 산다.

       ―선생의 수필 「구름카페」 중에서

다시 석양을 본다. 채운이 곱다. 살아온 날들의 무수한 자국 앞에 정 많은 사람들의 눈길이 금세라도 그렁그렁 젖어들 것 같다. 미수를 맞으시는 운정 선생의 수필문학사적 업적을 기리며, 지금 하늘과 바람과 구름이 빚어낸 저 아름다운 빛의 무늬를 선물로 올린다. 선생의 수필영역에 아로새겨진 빛깔들을 그려보면 어렴풋하나마 바로 저러하지 않을까 해서.

—2019. 윤재천 선생 팔순 기념문집

故 김수봉 선생을 추모하며
풍류와 멋과 수필의 촉수

　수필가 김수봉(金壽鳳) 선생은 1937년 전남 나주시 출생으로 호는 일강(逸江)이며 1962년 조선대 국문과를 졸업했다. 1963년 조선대 부속고등학교 국어교사로 시작하여 1977년 광주 살레지오 고등학교 국어교사를 지내다가 위 교직에서 2000년 8월 정년퇴임하였다. 1984년 『월간문학』으로 수필 등단하여 대표에세이 동인으로 활동했으며, 전남문협 수필분과 회장을 역임했다. 1990년 무등수필문학회를 창립하고 광주문인협회 회장, 영호남수필문학회 공동회장을 역임했다. 1995년 무등수필문학회 회장, 한국수필가협회, 한국수필문학진흥회 이사, 수필문우회, 한국문인협회, 국제펜클럽 한국본부 회원, 신문예협회 이사, 광주광역시 문협 고문을 지냈다. 한편 1998년부터 전남대학교 평생교육원 문예창작 강의를 맡아 후학들의 수필지도에 힘을 쏟았다.

　수필집으로는 『전라도 말씨로』(1982, 예원), 8인 수필집 『황토에 부는 바람』(1982, 예원), 『예던 길 앞에 있네』(1989, 문학관), 『환상의

魚信을 찾아』(1997. 예원), 『역말 가는 옛길』(1998. 미리내), 『그날의 기적소리』(2000. 교음사, 한국현대수필작가 대표작 선집)『삼밭에 죽순 나니』(2005. 선우미디어)가 발간되어 사랑을 받았다. 수상 실적으로는 광주광역시 문학상(1989), 현대수필문학상(2003. 한국수필문학진흥회 제정), 광주문화예술상(박용철문학상. 2006. 광주광역시 제정), 수필집『삼밭에 죽순 나니』가 우수문학도서로 선정(2006. 문광부 제정)되었다. 2019년 5월 10일, 83세의 일기로 작고하였다.

 선생은 평소 수필 이야기를 하실 때나 술 이야기를 할 때나 낚시이야기를 할 때나 어투에 풍류가 물씬 흘렀다. 길을 걸으면서도, 술잔을 기울이면서도, 낚시를 하면서도 내면적 귀결은 수필이었다. 정기적으로 만나는 세미나 총회 때면, 뒤풀이 장소에서도 구수하게 수필의 본질이야기가 이어졌다. 가만히 들여다보면 결국 수필의 진수를 만나기 위한 촉수가 사방팔방으로 뻗어 있었다. 행여 앞서서 걸어가면 후배들 이름을 "○○야." 하고 친근하게 부르며 빙긋 웃곤 하던 미소가 눈에 선하다. 후배들을 진정 아끼며 글쓰기에 있어 한 마디라도 도움 되게 하려는 모습이 면면에서 느껴지는 분이었다. "촉을 가다듬는 거야. 그러다가 하고자 하는 핵심을 붓끝에 담아내는 거야."

 2003년 대표에세이 거제도세미나 때였다. 바닷가 이편에서 저편으로 저편에서 이편으로 밤바다의 물빛과 달빛 서정에 취해

산책하고 있었다. 그러다가 한 무리의 노래 단원과 여유로운 팔 놀림의 지휘자를 만났는데 김수봉 선생과 동인들이었다. 선생의 지휘에 맞춰 여성 작가들이 파도소리 벗 삼아 노래를 부르고 있었다. 세월이 가고 선생이 가셨어도 그날의 정경은 잊히지 않는 그림이 된다.

선생은 2006년 대표에세이 광주세미나에서「수필의 어휘 그리고 문장」이란 주제로 발제를 맡았었다. 그때 문학은 인간 정신의 자기 전개가 형태를 얻는 것이라고 했다. "형태를 얻는"이란 문장으로 표현해서란 말을 의미함이다.

필자는 지금도 한 편의 수필을 쓰다가 어휘 한두 개에 막혀 날 밤을 꼬빡 샌 일이 많습니다. 어떻게 하면 좋은 문장을 만들까, 어떻게 하면 적확한 어휘를 찾아낼까, 어떻게 하면 나만의 빛깔을 내는 문체를 써볼까. 이런 고심은 때때로 원고지 앞에 앉는 두려움까지를 불러오지만 '내가 어려움을 겪고 써낸 글이 독자에겐 쉬운 글로 다가간다.'라는 철칙 앞에 다시 용기를 얻습니다. 그리고 이제껏 수필을 써온 나는 '불행한 문인은 면했구나.'라고 위안을 얻습니다. 문장의 요건 면에서는, 수필을 통합문학이라는 관점에서 보면 문학 전 장르의 요소를 아우른다고 할 수 있습니다. 시적이며 소설적이며 극적인 요소에 동요 동화적 요소도 담을 수 있습니다. 수필을 읽는 독자에게는 가슴으로 읽는 기쁨(정서적 감동)과 두뇌로 읽는 보람(지적인 소득)을 함께 주어야 합니다.—분명하게, 정확하게, 간결하게, 정중하게, 그리고 쉬운 말로(평이하게) 쓰기, 이것이 좋은 문장의 5대 요체라 말할 수 있습니다.

이 외에도 수식이 많은 것, 인용이 많은 것, 구체성이 결여된 것, 박학을 자랑하는 것을 짚으며 수필쓰기는 나 자신만을 위한 '배설의 언어'가 아니라 우리 모두를 위한 '소통의 언어'이므로 항상 새로움을 생각해야 한다고 강조한 바 있다.

선생의 대표작으로는 「그날의 기적소리」와 「삼밭에 죽순 나니」 등이 있는데, 평소의 언어는 국어선생님의 반듯한 어휘와 아버지 같은 정감어린 구수함이 함께 배어 흘렀다. 그래서 더욱 엄격함과 친근감을 동시에 아우르고 있었다. 널리 알려진 글이 많지만, 이 정도로 선생에 대한 추모의 글을 맺는다.

—선(選)수필 2019. 여름호

최원현 수필가를 말하다

수필 쓰기 위해 태어난 신사

사람을 만나다 보면 상대방의 눈빛을 통해 서로를 읽기 마련이다. 마음이 진실하지 못할 때는 십 년을 사귀어왔어도 어딘가 낯설고, 진실될 때에는 스치듯 교감하는 눈빛만으로도 십년지기를 뛰어넘을 수 있는 관계가 성립된다. 수필가 최원현 선생의 경우는 후자에 속하는 바, 잡지사로부터 선생에 대한 작가론을 청탁받고 반가우면서도 한편으론 적이 부담스러웠다. 선생을 얼마만큼 객관적으로 바라볼 수 있을지 고심이 컸다. 하지만 그분과의 오랜 정리로 망설일 새가 없이 응하게 되었다. 무딘 필체이지만 선생을 한 번 그려보마고 했다.

그렇긴 한데 연이어 걱정이 앞을 막았다. 누군가 한 사람에 대해 이야기한다는 것이 쉬운 일이 아닌 까닭이다. 작고문인도 아니고 문단 경력 십 년이나 선배되는 분을 어떻게 어필한단 말인가. 인상 깊은 작품에 대해서라면 주저 없이 나름의 식견이나 소박한 느낌을 동원해보겠으나, 이 지면에서는 지극히 인간적인 면을 다루어야 하기에 다소 정리할 시간이 필요했다. 자칫 선생의 이미지에 누가 되지 않을까 염려되지만, 오래도록 가까이서 익혀온 인간적인 면을 이야기함에 있어 망설이지 않기로 했다.

첫인상

그땐 수필문단에 남성 작가가 드물었다. 좀 더 구체적으로 말해, 이십여 년 전 필자가 등단할 무렵만 해도 수필다운 수필을 쓰는 젊은 남성작가가 귀했다. 그러다보니 문예지에서 어쩌다 글 세계가 반짝하는 남성 신인을 만나면 그를 마치 보물처럼 여기며 문학적 성장과정을 지켜보기도 했다. 중앙 수필문단의 원로 격인 자리에는 거의 남성 선생님들이 주를 이뤘고 여성 선생님들은 몇 분 되지 않았다. 그러한 틈에 젊은 작가로 그가 있었다. 그 후에야 물론 수필의 붐이 일어나며 중년의 남성 수필가들이 하나둘 모습을 드러내기 시작했고, 지금은 많은 남성 수필가들이 격조 높은 필력을 발휘하고 있다. 그들의 한참 앞자리에 최원현 선생이 굳건히 길을 잡고 있는 것이다.

그날, 필자가 등단하던 해 『월간문학』 시상식장에서의 일이다. 다른 문학상과 함께 신인들 시상이 있었는데, 기념촬영 차 줄을 섰을 때 전문 사진사 외에 웬 젊고 훤칠한 남자가 근사한 카메라로 문인들을 향해 앵글을 맞췄다. 필자는 영문도 모른 채 사진을 찍었고 그 사진은 어찌 되었는지 모른다. 그런데 몇 년이 지난 후 한국수필가협회 행사에도 그가 같은 포즈로 나타났다. 필자는 갑자기 그 젊은 남자가 궁금해져 수필 선배인 모 출판사 대표에게 물었더니, 수필 쓰는 최원현 선생이라 했다. 필자는 그 말에 내심 놀라지 않을 수 없었다. 수필계에 이렇듯 젊고 잘생긴 남성 수필가가 있는지를 처음 안 것이다. 우물 안 개구리 식으로 내 식견이 좁아 더 멀리, 그리고 더 깊게 보아오지 못한 것일 수 있지만 신선한 충격으로까지 이어졌다. 앞서 밝혔듯이 수필 좀 쓴다하는 분들은 대부분 원로자리에 계셨기에 같은 장르의 선배로서 듬직하게까지 와 닿았다.

그러나 어처구니없게도 그 이름 석 자는 오래 기억되지 않았다. 등단과 함께 한국수필가협회에 가입해 작품 활동을 해오고는 있었지만, 동 지면에서 자주 접하는 최원현이란 이름을 여성으로 인식하기에 이른 것이다. 하여 몇 차례 선생의 글을 읽고도 참 선 고운 수필을 쓰는 여성이로구나 여겼다. 그러다가 두 번째 수필집을 내어 선배 몇몇 분께 사인 해 돌린 뒤로 답례 차 받은 책에서 명확하게 그 이름이 누구라는 것을 알았다. 부끄럽기 짝이 없었지만 선생 앞에 이렇다 할 내색은 하지 않고 지냈다. 차츰 선생의 글 세계를 알아가고 인간미를 익혀가기 전까지는 낯가림 잘하는 성미대로 공석에서 마주치면 꾸벅하고 지나치는 게 고작이었다.

인연을 쌓으며

　언젠가 열차를 타고 가서 지방 수필행사에 함께 참여하게 되었는데, 사무처에서 최 선생을 여성으로 알았던 모양이다. 방 배정 표를 받았는데 필자가 묵을 방에 최원현 선생의 이름이 적혀 있었다. 나보다 먼저 확인한 선생이 돌아보고 웃으며 넌지시 "김선화 선생! 우리 같은 방에서 자래." 하는데, 지금이라면 환히 웃으며 응수했겠지만 십삼 년 전에는 과거 선생을 몰라보던 시절이 떠올라 민망할 따름이었다.

　본격적으로 필자와 선생과의 남다른 인연은 신촌 세브란스병원에 닿아 있다. 당시 선생은 그곳 원무과에 근무하였고, 필자는 동인 선배 한 분이 그 병원에 입원중이어서 문병을 하게 되었다. 헌데 동행한 문우가 예까지 왔으니 최원현 선생과 차나 한 잔 나누고 가자했다. 이전까지만 하더라도 선생의 직장이 어디인지 무슨 일을 하는지 크게 관심두지 않았는데, 사무실 안으로 안내되어 선생이 타 주는 찻잔을 앞에 두고 그만 억누르던 물꼬가 터지고 말았다. 가족 간의 우환에 대해 필자가 속을 내비치는데 울고 있는 건 선생이었다. 이 병원에서 최고의 의사를 소개해

달라는 이 딱한 후배를 선생은 십년지기처럼 이해했다.

그 후로 문턱이 닳도록 그 병원을 오갔다. 그러는 사이 선생 앞에서 무너져 내리기를 수차례. 더 이상 태연한 척도 고상 떠는 위선도 소용없는 처지가 되어버렸다. 그것이 선생과의 인연에 의미 있는 시초가 된다. 문학을 논할 땐 서로가 더없이 냉철하고, 인간사를 얘기할 땐 흉금의 둑이 허물어져 지푸라기만한 위로에도 힘을 얻곤 했으니, 작가 최원현 선생을 이야기함에 있어 큰 거리 차는 느끼지 않는다. 그분 앞의 필자는 자식의 건강을 갈망하는 한 엄마였고, 이를 지켜보는 선생은 인생 선배로서 인정을 얹었다는 것이 맞을 것이다.

수필 쓰는 말쑥한 신사

수필계에서 선생을 모르면 수필가가 아니다. 그만큼 최원현 선생은 글과 인품에 있어 명망이 높다. 삼십 년 넘게 수필을 쓰고 있는 그도 애초엔 풋풋한 모습으로 문단에 발을 디뎠다. 어엿한 직장인으로서 야간에 지도하는 수필 강좌의 문을 두드렸다가 『한국수필』(회장 조경희)에 추천 완료되어 수필가가 되었으니, 수필계로서는 커다란 행운이 아닐 수 없다. 후문에 의하면 이미 아기들 아빠인 그를 총각으로 알았던 여성 작가들이 있었다고도 한다.

한국수필가협회 외에도 수필문우회 등을 통해 선생의 면면은 확연히 엿볼 수 있다. '글 좋고 사람 좋고'의 요건을 내세운 단체가 바로『계간수필』을 발행하고 있는 수필문우회인데 김태길, 허세욱, 이응백, 윤모촌 선생 등의 원로 선생님들이 창립 멤버로 활약하신 수필모임이다. 이곳에 한 해에 많아야 두세 명이 입회할 수 있었는데, 필자가 들어가던 십여 년 전엔 최 선생이 이미 중견의 자리에서 선후배 수필가들을 아우르고 있었다. 작고문인이나 회원 작품 합평시간이면 미리 꼼꼼하게 체크해와 자상하게 전달하곤 했다.

무엇보다도 대 선배님들을 읽어낼 수 있는 안목으로 그만한 자리에 존재하는 자체가 더 없이 든든했다. 하여 기회가 될 때면 그런 이야기를 몇 번인가 나누었다. 세월이 가면 우리가 받아들이고 싶지 않아도 현존하는 원로선생님들은 자연스레 사위어가시고 우리들도 나이가 들어갈 터인데, 그분들의 뒤를 받쳐줄 만한 역할이 필요하다고 운을 떼면 선생도 그 부분에 대해 깊이 공감했다. 그리고 적이 부담이라 하였다. 그와 연계해서 원로문인들의 생애와 글 세계를 뚜렷하게 정립해 놓은 선생의 자료는 매우 비중이 있고 값진 성과라 생각된다. 원로작가를 찾아서 인터뷰한 내용들을 에세이 형식으로 묶은『문학에게 길을 묻다』가 이에 해당된다. 수필 문단의 전후 흐름을 선생만큼 잘 알고 세부적으로 정립해 놓은 작가가 또 있을까. 그간 열정적으로 사색하고 수많은 작품집을 내놓았지만, 필자는 그중에서도 위의 책에 더욱 가치를 둔다.

선생은 실제 나이보다 예닐곱 살은 어려보이는 동안이다. 십여 년 전 막 퇴직하는 분께 필자가 맡아오던 문화센터 수필 강좌를 부탁드린 일이 있는데 회원들의 반응이 놀라웠다. 새치 하나 없는 분께 단도직입적으로 몇 살이냐고 물은 것. 선생이 웃으며 쉰여덟이라고 하자 강의실엔 일순 폭소가 터졌다. 그리고 따지듯 들이대는 말이 왜 그렇게 젊으냐는 것이다. 나는 옆에서 평소 신앙생활을 잘해 그런가 보다고 거들었다. 지금은 장로님이지만 이전부터 수필계엔 별명이 따라다녔다. 바로 '최 부목사님'이다. 그러니 매사에 얼마나 반듯하고 인자하였으랴. 자연스레 풍기는 인간미는 가리려 해서 가려지는 것이 아니라는 점을 선생을 보며 확인한다.

수필가 최원현 선생의 내면엔 유년의 외로움이 물결치는 것을 안다. 조실부모하여 할머니 손에서 이모와의 정을 엄마와의 정으로 알고 자랐다고 수차례 뇌고 있다. 그러한 인간 내면의 정서가 수필을 쓰지 않고는 못 견디게 한 것이다. 사람은 누구나 외로움 속에 살아가는 것이 이치이지만, 선생은 아예 날 때부터 수필 쓰는 요건을 갖추어 일찌감치 고독의 맛을 알아버린 인물이다. 그러한 습관으로 사유의 장을 열어가며 내정된 수필 쓰는 자리에서 의연하다. 생태적으로 체득한 외로움과 고독이 독특한 정서를 확립하고, 제삼의 의미로 승화되어 주변을 따스하게 한다.

벽을 두지 않는 미래의 원로

일찍 등단한 선생은 이즈음 수필 문단의 대 선배 자리에 존재한다. 한국수필가협회 사무처장직과 강남문인협회 회장, 그리고 여러 곳에서 후학들을 지도한다. 그럼에도 섣부른 권위를 내세워 과하게 꼿꼿하지 않고 투명하며 부드러운 성품을 보유하고 있다. 부지런하여 위로 원로 문인들께 예를 다하고 후배나 후학들에게 다정다감하여 따르는 작가들이 많다.

그리고 선생의 일상적 사고에는 여성이 할 일과 남성이 할 일이 크게 구분되지 않아 보일 때도 있는데, 이는 오래도록 맞벌이를 해온 전문가 부인을 둔 데서 비롯되었지 싶다. 후학들과 야외나들이를 나가는 길에 몇 번 동행해보았는데 선생이 요리를 해 갖고 와 펼쳐놓는 바람에 놀란 일이 있다. 이처럼 후학과 선생의 자리에 이렇다 할 벽을 두지 않는 모습이 두고두고 좋은 보기로 남는 예이다.

앞으로도 선생은 무수한 글을 쓸 것이고 수필 문단에서 할 일이 널려 있는 분이다. 그래서 건강도 잘 챙겨야 하고 에너지도 조금씩은 아껴두어야 한다. 그래야 미래의 원로자리가 굳건할 것이기에, 그래야 더불어 가는 수필가들이 서로 행복할 것이기에, 그래야 수필 문단이 더욱 밝을 것이기에 이 글 끝에 하나마나한 빤한 주문을 얹는다.

—수필미학 2018. 봄호

추천의 글

환희를 향한 생(生)의 노래
―신진호 첫시집 『젓가락이 숟가락에게』

신진호 시인과 알고 지내는 지가 어언 8년이다. 그간 그의 성실과 열정을 보았고 인간미를 보아왔다. 시(詩)를 대함에 있어 애정으로 충만하고, 문학적(文學的) 눈이 맑아 진지하기 그지없다.

그는 습작기간 7년만에야 신인공모 등용문을 통과한 사람이다. 시 몇 편 쓰고 문단에 나와 활동하는 시인들에 비하면 늦어도 너무 늦다. 하지만 그는 겸손한 자세로 시 연마에 심혈을 기울였다. 하여 등단 1년 만에 시집을 상재하게 된 것이다.

그는 성실한 직장인으로, 평범한 가정의 안주인으로 무엇 하나 흠이 보이지 않는 여성이다. 자기 계발에 부지런하고, 시야가 트여있어 시의 폭이 넓다. 의식이 개인주의에 머무르지 않고 사회를 향하는데, 보훈가정의 후손답게 국가관도 뚜렷하다. 곳곳에서 시의 효용성도 적절히 나타나 지켜보는 사람으로서 미소 짓게 된다.

아울러 그는 사물하나에서조차 인간의 참 행복을 추구하는 사람이다. 소소한 특징을 발견하여 의미를 확장해 나가는 눈길이 따스하다. 그러한 결과물을 안고 주말마다 마주하는 얼굴엔 생의 환희가 묻어 있다. 정신의 결을 자아내는 글맛을 제대로 알고, 그 미적 과정에서 삶의 희열로 승화시키는 사람이 신진호다. 그래서 그의 시편들은 대체로 건실하다.

  첫 시집 출간을 진심으로 축하하며, 앞으로 문학의 길에서 잔잔한 발걸음으로 보람되길 소망한다.

추천의 글

그릇에도 울림소리가 있다
―이순금 수필집 『물을 토하는 화공』

언어로 표현되는 글귀는 그 글을 쓴 사람의 인성이 담긴 그릇의 울림소리다. 고유의 그릇에 무엇을 품고 살아가느냐에 따라 특이점이 나타나는데, 글 쓰는 이에게 이 개성은 타인과 구별되는 훌륭한 자산이다.

일찍이 수필가로 등단한 이순금 작가는 장르를 넘나들며 필력을 발휘하고 있다. 수필 외에 아동문학에서도 감동적인 동화를 쓰고, 노랫말에도 매력을 느껴 성실히 작사가로 활동 중이며, 그 중 체험과 통찰이 수반되는 수필에서 가장 본인다움을 보여주고 있다.

이순금 작가의 수필에선 우선적으로 손꼽을 점이 긍정이다. 일상 속에서 번민이나 독백의 목소리가 나올법한 제재(製材)마저 승화시키는 힘이 크다. 사물을 꿰뚫는 철학적 사유가 깊고 논리 정연하여, 읽는 이로 하여금 고개 끄덕이게 하는 마력을 지녔다. 이는 타당성을 갖추어 엮어나가는 문체의 작용이다.

이러한 흡인력은 유연한 문장에서 비롯된다. 문장이 모나지 않아 독자가 친근하게 무릎 맞댈 준비를 하게 된다. 글 쓰는 사람에게 이보다 더한 성과가 무엇이랴. 그의 수필은 편 편마다 철이 들어 자잘한 엄살이 없다. 감성이 풍부하나 여리지 않고, 구체적 논리성을 띠나 딱딱하지 않다. 이는 그의 인품이 만들어 내는 소리이다.

　그릇에도 울림이 있듯이, 정도(正道)를 지켜가는 이순금 작가의 인성에서 길어 올리는 소리는 잔잔한 여운을 남긴다. 직설화법을 돌려 완곡어법으로 수사하는 것은 수필이 갖추어야 할 여러 덕목 중 하나인데, 작가는 이를 잘 활용하여 위트와 은유로 버무려 낸다. 그 대표적 작품들이 「접목(椄木)」, 「서리(霜)」, 「물을 토하는 화공(畫工)」, 「짱뚱어 다리에서」, 「봄을 업다」, 「봄날 너덜겅을 오르다」 등이다.

　무엇보다도 그의 책 전반에서는 예사 수필에서 흔히 나타날 수 있는 한(恨)이 눈에 띄지 않아 읽는 이의 마음자리가 편안하다. 칠순 고개에 오르는 인생길에서 애 삭임 하나 없는 사람이 어디 있으랴만, 그는 그러한 이야기조차 조곤조곤 긍정의 길로 의미화한다. 그래서 그에게 내제된 그릇은 지극히 평온하고 은은하고 순정이 깃들어 있어 울림소리를 들을 만하다.

　문학의 길을 조금 앞서 걷는 사람으로서, 이순금 작가의 제2

수필집 상재를 축하하며 앞으로의 삶에도 문운과 복록 충만하길 바라는 심정이다.

추천의 글

그의 글에는 사람들이 펄떡인다
―장석례 수필집 『따뜻하면 좋겠어』

  사람마다 은연중에 자리잡아가는 크고 작은 습성이 있다. 그 습성은 인품과 정비례한다. 하여 정신적 분신인 글을 통해서 그 사람의 인격을 알아가게 된다.
  장석례 수필가의 글에는 크게 세 가지 덕목이 줄 닿아 있다. 인연, 인정, 인심이 수필의 큰 맥을 이룬다. 그가 펼치는 재담을 따라 솔깃 빠져들다 보면 겨울철 화롯가에 둘러앉아 담소 나누는 것처럼 절로 따스해진다.
  그의 글에는 사람들의 활력으로 생동감이 넘친다. 남녀노소 구분 없이 몫을 다하는 숨결들이 고스란히 드러난다. 그 하나하나의 결에 귀 기울이고 그들의 심중을 헤아리는 이가 바로 장석례 작가다. 그는 작가 이전에 국문학으로 내공을 키웠으며 심리상담 전문가다. 나와는 수필로 연이 맺어졌지만, 박사학위를 받은 분이라 내가 일부러 "장 박사님!"이라 부르면 빙긋 미소가 고이며 함께 유쾌해진다.

헌데 이번 책에서는 박학다식한 감투를 다 벗어놓고 식당을 운영하며 손님과 마주하는 이야기가 주를 이룬다. 코로나19로 인해 사람과 사람이 마주 앉아 밥 한 끼 먹기 어려운 세상이 2년여 동안 이어지는 터라, 그의 시선이 가 닿아 빚어낸 책 『따뜻하면 좋겠어』는 더욱 많은 생각의 여지를 남긴다.

팬데믹의 장기화로 저마다 웅크린 지 오래여서 가슴이 얼어붙기 십상인 시간 속을 우리는 달리고 있다. 그러한 중에 책 제목이 가져다주는 의미를 곱씹게 된다. '그래, 너나없이 따뜻하면 좋겠어.'가 이 시대를 살아가는 우리들의 바람이며 서로에게 전하는 위로요 힘찬 응원이다.

그의 글 속에는 공통적으로 사람이 등장하는데, 거기에서 파생되는 개개인의 인성을 존중하는 작가의 안목에 고개 끄덕이게 된다. 이러한 공감과 배려의 축이 장석례 수필을 빛나게 한다. 소소한 일상이 펼쳐지나 하면 잔잔한 위트로 미소를 부르고, 경우에 따라서는 냉철한 비판의 잣대를 서슴지 않는데 그 필력을 높이 산다. 「사람을 선택하는 기준」, 「정 가는 사람들」, 「달리는 사람들」, 「음식과 심리상담」, 「소소한 횡재」 등의 짧은 글에서 인간적 면모를 듬뿍 보여주고 있다.

이 밖에 본격적으로 문학적 향훈이 짙은 글로는 6부에서 두드러진다. 그가 수필가로 활약하게 된 「터닝 포인트」나 「내안의 아이」, 「출구」 등은 더욱 깊고 너른 사유의 장에서 길어 올린 작품들이다.

아무리 아름다운 자연풍광을 엮어댄다 해도 거기에 사람이 빠지면 공허하기 마련이다. 이에 반해 장석례 수필가는 사람을 그 중심에 놓고 보이지 않는 이면까지를 살피며 해박한 논리와 서정을 불러 모은다.

첫 수필집 상재를 축하하며, 모쪼록 건강 속에 문운을 빈다.

추천의 글

고풍적 향취와 객관적 시사

—권혜선 수필집 『어린것들은 예쁘다』

솔직담백한 안동 권씨의 풍모

"하하하, 안동 권가예요. 그래 봬도 뼈대 있다고요."

25년 전일까. 그와 처음 만나 나눈 대화 중 가장 기억에 남는 대목이다. 사람 사귀는데 다소 낯가림하는 내 눈에 자그마한 체구에 야무진 여인이 쏙 들어왔다. 시간을 거스르듯 어찌나 반듯한지 골격 든든한 집 한 채를 떡 받치고 있는 느낌이었다. 시골 사람답게 설렁설렁한 나는 생활에 절도가 밴 그의 매력에 무조건 이끌렸다.

이웃으로 연이 닿아 문학으로 맺어진 두 사람은 드문드문 눈을 맞춰도 마음을 읽어내는 사이가 되었다. 특별히 약속을 하지 않고 길을 가다 우연히 만나도 만리장성을 쌓았다. 그의 집에 들러 얻어먹은 밥이 세기 어려울 정도다. 경상도 태생이나 일찍이 서울로 유학 와 사춘기를 겪은 그의 이야기에는 묵히기 아까운 우수가 담겨 있었다. 어느 때는 뜨끈한 누룽지 한 그릇을 앞에 두고 그의 시대적 서사에 가슴 젖었고, 내면에 그득 고인 문학성이 엿보여 선배 노릇을 좀 하였다.

고풍적 향취와 객관적 시사

권혜선, 그의 문학적인 면을 간략히 어필하자면 고풍적 향취와 객관적 시사에 힘이 실린다. 「유택」, 「유랑」, 「청포도」, 「달밤」 안의 '아버님 전상서' 등에서 사람살이의 고뇌와 시사성을 발휘하는데 그의 깔끔한 성격대로 문장이 늘어지지 않는다. 간결한 문체로 에둘러가며 공감대를 형성하는 여운처리에 탁월하다. 어느 대목에서는 눈물겨운 이야기에 해학이 붙어 심리적 여유를 맛보게 한다. 특히 아버지 손에 이끌려 오빠 집에 깃든 자신의 유년 시절을 돌아보는 대목이 남의 둥지에 알을 낳고 무사히 키워지길 바라는 뻐꾸기의 부모로 비유되는데, 「뻐꾸기」란 글에선 목구멍으로 넘길 수 없는 외로움이 잔잔히 물결친다.

어려서부터 눈치가 빠르고 아는 것이 많았던 작가 「알분이」는 언니를 여의고 애 삭이는 영상에서 서사의 극치를 보여주는데, 일곱 살 나이로 철이 다 들어 어머니의 심중을 읽어내는 「어에 꼬」를 생산해내기에 이른다. 문자로 꿰어진 글꼴 갖춘 문장이야 그의 나이 지긋한 50줄에 선보였지만, 객관적 시사로서의 문학성은 그때 이미 보유하고 있었다. 질병으로 딸자식을 놓친 어머니의 쉰 목소리에 의식이 들러붙은 딸은, 차마 슬픔을 게워내지 못하던 모성의 가슴자리를 눈 밝게도 보아버렸던 것.

근래 만나기 어려운 겸손하기 그지없는 성품의 소유자 수필가 권혜선. 등단 18년 만에 묶는 첫수필집에 추천의 글을 얹게 되어 기쁘다. 그의 담백한 문체를 높이 사며, 올곧게 살아온 삶을 귀하게 여긴다.

6장
수필에 대한 소고(小考)

수필의 장르적 특성에 대한 고찰

일상과 문학(文學)

낭송수필의 요건과 글맛, 그리고 여운

학사학위논문

수필의 장르적 특성에 대한 고찰

目次

1. 들어가는 말
1. 연구 목적
2. 연구 범위와 방법

II. 수필문학의 장르적 특성
1. 수필에 대한 인식
2. 명칭 면에서의 수필과 에세이
3. 표현과 수사
4. 수필문학이 사회에 미치는 영향

III. 수필문학의 문제점과 대안

IV. 나오는 말

※. 참고문헌

I. 들어가는 말

1) 연구 목적

국내 수필의 시작은 한문 시대로부터 궁중에서 쓰던 내간체 글에 이르기까지 광범위하다. 이러한 수필이 1919년, 문예동인지 『창조』에 일기문이 실린 것이 최초의 등장이다. 그러나 목차에도 올리지 않은 채 다루어졌고, 1922년에 창간된 『백조』에는 '감상', '기행'이란 이름으로 수록되었다.

그러던 것이 수필 범람시대를 맞은 오늘날, 수필이란 장르를 두고 의견이 분분하다. 장르 해체니 신변잡기니 하여 수필문학의 위상이 흔들리기도 한다. 수필 쓰는 사람이 늘어난 만큼 어느 것이 문학적 수필이고 어느 것이 신변잡기식의 수필인지도 생각해보아야 할 문제이므로, 필자는 우선 수필의 장르적 특성을 명확히 알아야겠다고 생각하였다. 심지어 연전에는 수필에 따른 허구론 시비까지 있었던 바, 수필 계에 몸 담고 있는 한 사람으로서 더욱 수필이란 장르의 특성에 대해 고찰할 필요를 느꼈다.

그 특성을 알고 살려서 수필다운 수필에 가까이 가는 것이 첫째 목적이고, 또 타 장르와 수필의 본질을 혼동하는 문학 지망생이나 국문학을 전공하는 학도들에게 어느 정도나마 지식전달을 하는데 의가 있다 하겠다.

2) 연구 범위와 방법

연구 범위와 방법은 수필의 장르적 특성에 대한 고찰이니 만큼, 그 분야의 논문이나 저명한 수필가들의 이론을 두루 섭렵하였다. 여러 이론을 통해 타당한 근거를 들고, 필자의 논지를 펴나가는 방식으로 이 논문을 작성하려 한다. 미리 밝히자면, 본론 부분을 나눠놓긴 했으나 수필문학의 장르적 특성에 크게 비중을 두었다. 아무리 수필에 관심이 있는 사람이라 해도 그 특성을 제대로 파악하기란 쉬운 일이 아니기 때문이다.

다음으로 수필에 대한 인식을 돕고, 문장의 표현에 관해서도 간략하게나마 언급하려 한다. 또 수필문학이 사회에 미치는 영향도 예사로 넘길 수 없는 부분이라 여겨, 수필이 사회에 미치는 영향으로 바람직한 쪽과 그렇지 못한 쪽에 대하여 조목조목 짚어보려 한다.

아울러 전통 수필의 개념과 미래 지향적인 수필에 대해 알아보고, 요즘 흔히 나타나는 수필의 문제점을 살펴보며, 이러한 점들을 극복하기 위한 대안도 연구해보고자 한다. 마음이 앞선 나머지 폭을 크게 잡아, 혹시라도 곁길로 새는 일은 없을지 또 중언부언 말이 길어질까 두렵다.

II. 수필문학의 장르적 특성

1) 수필에 대한 인식

항상 공부하는 자세로 수필을 쓰는 필자는, 수필은 진실을 바탕으로 하는 글이라는데 이의가 없다. 자신이 보고 듣고 행한 일에 느낌과 생각이 붙는 글이다. 그래서 개인적이고 고백적인 느낌과 생각을 '사상'이라 하기도 하고, '철학'이라고도 한다. 개인적 이야기를 허구로 쓰는 것이 아니고 진실을 바탕으로 하는 것이 수필의 본질이다. 수필의 범람시대를 맞은 오늘날, 그 속에서 제대로 빛을 보는 수필은 과연 몇 편이나 될까. 자칫하면 신변잡기에 머무는 수필의 기류를 타고 돛 없는 항해를 하기 십상이다.

수필은 마치 맑은 물속에 비치는 글쓴이의 얼굴과도 같고, 또 거울에 비치는 마음과도 같다. 수필은 허구를 허용치 않으므로, 시나 소설보다 독자 가까이 갈 수 있다. 자연스레 있는 그대로 글쓴이의 느낌을 걸러주는 것이 중요하다.

수필가 윤모촌은 『수필 어떻게 쓸 것인가』에서, 수필의 진실성에 대해 다음과 같이 말하고 있다. "수필에서 오지도 않은 눈이 왔다고 한다든가 내리지도 않은 비를 내렸다고 한다면, 분위기가 매우 서정적이다. 그러나 이와 같이 써야만 그런 분위기를 나타내는 것은 아니다. '쾌청한 날씨인데도 가슴속에서는 가을비가 내려 스산하였다.'라든가, '눈은 오지 않아도 가슴속으로는 눈발이 날려 어지러웠다.'라고 하면 분위기는 살릴 수 있다. 이러한 것을 허구로 쓰는 것은, 표현의 기량이 모자라서일 뿐이다."

그렇다면 수필의 시원(始源)은 언제부터인지 알아보자. 모든 일에는 그 시발점이 있기 마련인데, 지금 우리가 논하는 수필도 그 전통적인 성격을 이해한다면 장르적 특성을 파악하는데도 한 걸음 다가서지 않을까 싶다.

국내의 경우는 이인로(李仁老)의 『파한집(破閑集)』(1260)을 비롯해서 한글로만 쓴 궁중 비화까지를 포함하고, 최초로 국한문(國漢文)을 섞어 쓴 유길준(兪吉濬)의 『서유견문(西遊見聞)』(1895)으로 이어져 내려오면서 최근으로 맥을 이룬다. 용어상으로는 조성건(趙性乾)의 『한거수필(閑居隨筆)』(1688)을 최초라 했고, 그밖에 연암 박지원(燕巖 朴趾源, 1737~1805)의 『일신수필(馹汛隨筆)』 등을 들고 있다.

중국의 경우는 남송(南宋)의 홍매(洪邁, 1123~1202)가 쓴 『용재수필(容齋隨筆)』과, 일본에서는 무로마치 시대(1338~1573)의 『동재수필(東齋隨筆)』이란 말이 같은 용어의 시초라는 점을 보인다.

반면, 불문학자이며 수필가인 정봉구는 『새로운 에세이 작법』에서, "에세이라는 말은 본래 프랑스에서 비롯된 말"이라고 밝히고 있다. 1580년에 몽테뉴(Montaigne)가 『에쎄-Essais』의 초판을 출간하면서 그 명칭은 세상에 나타났다. 이 책은 그 후 1588년에, 그리고 몽테뉴의 사후 1595년에 재판 3판 되었으며 전 3권 107장으로 구성되어 있다. 우리나라에서는 『수상록(隨想錄)』이라는 명칭으로 불문학자 손우성 박사가 최초로 완역본을 동서출판사에 냈다.

그러니까 '에세이'는 몽테뉴가 만들어낸 말이라고 하겠다. 위의 책에 보면, '에쎄'는 프랑스어의 동사 에쎄에(essayer)에서 끌어낸 명사라고 적혀 있다. 이 동사는 성능 따위를 '시험하다', 무엇을 시험삼아 해보다 등등의 말뜻을 지닌다. 따라서 에쎄는 '시험', '시도' 등의 의미를 나타내는 명사이다. 몽테뉴는 이 글에서 자신을 숨김없이 그리고 거짓없이 '시험, 시도'하겠다는 것이었다. 이것이 고유어가 되기는, 몽테뉴 사망 몇 년 후 영국의 프랑시스 베이컨이 『에세이-Essays-』라는 책을 발간한 데서 유래한다. 그 뒤 찰스 램의 『엘리아 수필—Essays of Elia』를 거쳐서, 이 에세이는 연연히 맥을 이으며 영국 문학의 한 특징을 이루고 있다. 그러나 에세이(불어로는 에쎄)의 핵은 역시 몽테뉴에게 있다. 몽테뉴는 『에쎄』의 책머리 글 「독자에게」에서 다음과 같이 쓰고 있다.

독자에게

이것은 아주 정직한 책이다. 독자여, 책머리에 일찌감치 내 그대에게 말해둔다. 나는 이 책에서 내 집안과 내 한 몸을 위해서 밖에 다른 아무런 심산도 지니지 않는다. 나는 그대를 위하는 생각도 또 내 영예를 빛내려는 생각도 도무지 없었다. 그와 같은 생각은 내 힘에 겨운 일이다. 나는 단지 이것을 내 친척들과 친구들에게 주기 위해서 썼다. 즉 그들이, 나를 잃고 나서(마침내 그들이 그날을 맞이할 것이니까) 그들이 여기에서 나의 타고난 기질 성격의 특징을 얼마만치라도 생각해 낼 수 있도록 또 이것에 의해서 그들이 종전에 나에게 관해서 가지고 있던 지식을 더욱 완전한 것, 더욱 생생한 것으로 해 줄 수 있도록 이것을 썼다. 만약에 이것이 세상 사람들의 호평을 사기 위한 것이었다면 나는 나를 좀더 잘 꾸몄을 것이고 조심스러운 발자취로 자신을 드러냈을 것이다. 나는 여러분들이 여기서 자연스럽고 어느 때 그대로 꾸밈도 분칠도 없는 담백한 모습으로의 나를 보아주기 바란다. 왜냐하면 나는 나를 그려내고 있기 때문이다. 나의 결점이 있는 그대로 여기에서 읽혀질 것이다. (후략)

이 글로 보아 '에쎄'란 결국 사람이 자신의 삶을 여러 가지 형태로 돌이켜 보며, 그것이 지니는 이치의 옳고 그름 또는 그 기준을 판단 시험하고 측정 시도하는 일이라는 것을 알 수 있다. 에세이는, 인생을 관조하며 그 인생의 용법에 관한 자아분석(自我分析), 자아비판(自我批判), 자아구성(自我構成)을 고찰, 반성, 판단하는 말이라는 것을 다시 한번 확인하게 된다.

그런가 하면 '수필의 장르적 특성'이란 논문에서 김준오는, 80년대 이후 수필은 문학의 한 주류적 장르로까지 격상되었다는 사실을 짚었다. 그러면서 수필이 왜 새로운 문학적 형식인가를 문제로 제기한다. 이 질문은 수필이 오랫동안 문학으로 인정받지 못한 사실을 반증하는 것이라 하겠다. 그간 문학사에서 수필에 대한 대접은 소홀했으며, 장르비평적 조명도 제대로 받지 못한 것도 사실이다. 수필에 대한 이런 전통적 홀대는 문학을 서정·서사·극의 3분법 갈래 체계에 한정시키려는 배타적 문학관에 기인한 것이라 하겠다. 따라서 수필을 새로운 문학 형식으로 규정하려는 것은 수필을 서정·서사·극 다음의 제4장르에 속하는 하나의 문학형식으로 정립하려는 작업이다.

수필의 장르적 특성은 제4장의 개념에 의해서 비로소 본질적으로 규명된다. 그러나 수필을 비롯한 다양한 종류의 논픽션 류 작품들 어느 정도를 문학의 반열에 놓을 것인가는 항상 쟁점이 되어 왔다. 이것은 수필의(또는 제4장르의) 개념 규정, 그러니까 장르적 규정이 여간 까다롭지 않음을 극명하게 드러내는 것이기도 하다.

우리는 지금 문학 장르들 사이뿐만 아니라 문학과 비문학적 담론(예컨대 종교, 철학, 교육, 심리학 등) 사이의 경계선이 붕괴되는 장르해체 현상을 많이 경험하고 있다. 이런 점에서 수필의 장르적 특성을 규명하는 작업은 매우 중요한 일이다. 어쩌면 장르해체 운운하는 것이 오히려, 각 장르들의 본질을 재조명하도록 요청한다.

조동일은 이 제4장르를 '교술'이란 용어로 기술하면서 다음과 같이 4분법 체계를 세운다.

서정: 비 특정 전환표현
서사: 불완전 특정 전환표현
극: 완전 특정 전환표현
교술: 비전환 표현

서정·서사·극은 모두 3분법의 전환표현(픽션)이지만 제4장르만은 '비 전환표현(논픽션)'임을 명백히 드러낸다. 그는 이보다 앞서 이 교술의 용어개념을 "첫째 있었던 일을, 둘째 확장적 문체로 일회적 평면적으로 서술해, 셋째 알려주어서 주장한다."로 정의한 바 있다.

그리고 문학적 지위의 모호성으로부터 수필을 두 가지 종류로 범주화한다. 작자와 독자라는 두 정신의 만남으로써의 수필, 곧 성격 또는 인격에 초점을 둔 수필이 그것이다. N. 프라이는 이 제시형식을 논하면서 비로소 '장르'란 용어를 사용한다.

그러면 이제, 우리 주변에서 부딪치는 현실 쪽으로 눈을 돌려보자. 필자가 수필을 쓰고는 있지만 수필을 쉽게 생각하는 사람들의 질문에 종종 당혹스러울 때가 있다. 그것은 일찍이 "수필은 붓 가는 대로 쓰는 글이다." 하여 논란이 되기도 하는 피천득의 이론을 잘못 해석한 사람들의 오해에서 비롯된다. 이 말을 잘 새겨보면, 고도의 훈련을 필요로 하는 말이다.—그저, 마냥 자유스런 문체로 형식의 구애를 받지 않고 써도 되는 듯이 잘못 받아들이는 데에 문제가 있다. 수필은 개인적 고백적인 것을 기본으로 하기 때문에, 자기 자신을 스스로 잘 다스릴 수 있을 때라야 좋은 글을 쓸 수 있다. 그런 것을 모르고 감정도 채 거르지 못한 상태에서 붓 가는 대로 나열하면 그것은 수필이 아니라 하나의 잡문에 불과할 것이다. 그리고 무형식의 글이란 말도 정해진 형식에 의해 쓴다는 말보다 더 어려운 말임을 깊이 새겨보아야 할 일이다. 글쓴이의 인격이 그대로 드러나는 수필에서는 더욱 이것이 요구된다 하겠다.

2) 명칭 면에서의 수필과 에세이

수필과 에세이는 무엇이 다른가. 앞에서 이미 어느 정도는 다루어졌다고 본다. 윤모촌은 윤오영의 말을 빌어 "수필은 동양적 에세이요, 에세이는 서구적 수필이다." 하고 정의하였다. 필자는 이에 대한 이해를 돕기 위해 몇 편의 수필을 제시하기로 한다.

불완전한 감정

나는 스코틀랜드 사람을 좋아하려고 해 보았지만, 마침내는 실망하고 그런 시도를 그만둘 수밖에 없었다. 그들은 나를 좋아할 수가 없는 것이다. 그들 중 어느 한 사람도 나 같은 시도를 해보았다는 말을 들은 바가 없다. 그런 감정의 추이에는 보다 단순하고 본질적인 데가 있다. (중략)

그런 사람들은 자기의 사상이나 그 표현 방법이 명료하고 정확하다고 내세우진 않는다. 장롱 안에 간직된 그들의 지식이란(정직하게 말해서) 완성품은 없고, '진실'의 한 부분이거나 흩어진 조각일 뿐이다. -후략

—찰스 램, 양병석 옮김

「한거수필(閑居隨筆)」중의 귀만설(歸晩說)

지난 무진년(戊辰年)에 처음으로 봉수봉(烽燧峰)이라는 산봉우리 밑에 집을 짓고 살았다. 그곳 마을 이름은 '구만(九萬)'이라고 했다. 그러나 이 구만이라는 마을 이름에 대해서는 아무런 깊은 의의(意義)를 가지고 있지 않다. 또한 이 구만이라는 마을은 지적도(地籍圖)에 실려 있는 것도 아니다.

여기에서 나는 이 마을 이름을 고치도 무방할 것이라고 생각했다. 그러나 엉뚱한 딴 이름을 지을 수는 없었다. '구만'과 음(音)이라도 비슷한 것으로 고쳐야 한다. 그래서 '귀만(歸晩)'이라는 이름을 생각해 내어 이것으로 고치고 말았다.

이 '귀만'이란 이름이 마음에 들었다. 나는 마음속으로 혼자 생각해 본다. 이 '귀만'이란 이름은 정말 내게 맞는 이름이로구나. 가만히 보면 물고기는 깊은 못으로 모이고 새들은 언덕을 찾아 깃든다. 이러한 미물(微物)들도 돌아갈 곳을 아는데, 나는 애써 봐야 별도리가 없이 늙어갈수록 더욱 못난이 행세를 하고, 동쪽으로 가도 서쪽으로 가도 방 한 칸, 집 한 채가 없었다. 그러다가 나이 60이 넘은 지금에서야 비로소 돌아갈 곳을 얻었으니 이것은 돌아가기 늦은 것이 아닌가. (후략)

—조성건 작, 이민수 옮김

이상에서 살펴본 수필과 에세이는, 몽테뉴의 책머리 글(독자에게)을 비롯하여 모두 진실을 바탕으로 하고 있다. 에세이와 수필이 명칭만 다를 뿐, 고백적 성격과 작자의 체험적 사실이 드러나고 있다는 점에서는 일치함을 보인다. 자기 고백적인 것이 근간을 이루면서 작자의 생각이나 느낌이 붙되, 교훈적이거나 설득하려 하지 않고, 평론가나 철학자의 글처럼 독자를 어렵게 하는 현학적(衒學的)인 글이 아니라는 것도 알 수 있다. 자유로운 형식으로 아무런 제약이 없으며, 읽는 사람의 주의력을 모으기도 하고 분석 확대시키기도 하면서, 무엇인가를 독자에게 전달하고 있다. 친구와 주고받는 한담 같기도 하고 혼자서 중얼거리는 말과도 같다.

정봉구는 앞의 책에서, 수필과 에세이는 같은 카테고리에 속하며 문학 장르상으로 동일 분류에 들기 때문에 그 명칭을 이론적으로 분석하기가 용이하지 않다고 하였다. 사람은 무엇을 생각하고 탐구할 때 흔히 그 실상을 제쳐놓고 명칭에 구애되어 본질 자체를 보지 못하는 경우가 있는데, 수필과 에세이의 개념을 정확히 구분하고 그것을 세분하려는 노력도 필경은 그와 같은 과민성에서 오는 결과라고 언급한다.

수필과 에세이의 명칭 면에서 정의가 내려졌다면 이제 이것들의 종류는 어떻게 구분되는지도 알아야 하겠다. 수필의 종류로는 문장 성격에 따라 무겁고 딱딱한 느낌을 주는 중수필, 가볍고 부드러운 느낌의 경수필로 나눌 수 있다. 중수필은 이치를 따져가면서 말하고자 하는 것을 겉으로 드러내며, 독자를 향해 분명하게 주장하고 설득하고 요구한다. 그러나 부드러운 형식의 경수필은, 작가가 자신을 향해 말하듯 겉으로 드러내지 않는 것이 특징이다. 김소운의 「외투」 같은 작품을 예로 들 수 있다.

또 명상에 속하는 글이 있는데, 이 글은 체험을 말하기보다 관념적 세계를 그리는 것이 특징이다. 그러므로 생각이 성숙되지 못하거나 비논리적일 때는 말장난에 그치기 쉽다. 이 밖에 편지 형식이나 기행문 형식, 전기문, 일기문 등의 다양한 형식의 글이 수필 장르에 포함된다. 그래서 어찌 보면 수필은 시, 소설, 희곡

과는 달리 포괄적 문학이라고도 말할 수 있는 것이다.

3) 표현과 수사

근래 들어 가장 논의되는 것이 수필의 표현문제가 아닌가 싶다. 이 표현 문제를 둘러싸고 1983년엔 허구론 논쟁까지 일었다. 수필가 김시헌과 정진권 사이의 열띤 논쟁이었다. 정진권은 수필의 문장 표현에서 허구를 허용해야 한다는 주장이었고, 김시헌은 일인칭 '나'가 주가 되는 전통 수필의 예를 들어 반대의 의견을 폈다. 1차의 논쟁은 허구를 인정않는 쪽으로 단락지어졌으나, 1989년에 다시 이 논쟁엔 불이 붙었다. '한국수필문학진흥회'가 세미나 주제로 허구론을 다루었던 것이다. 그런데 그때 역시 수필에 있어서의 허구론은 공허한 것에 그쳤다. 하지만 아직까지 이 허구론은 불쑥불쑥 고개를 들어, 수필에 대한 인식이 제대로 안 된 사람들에게 헷갈리는 인상을 준다. 수필이 문학의 장르에서 한몫을 해야 한다는 뜻은 알겠지만, 허구까지 끌어들일 필요가 있는지에 대해서는 생각거리를 안겨주는 단면이기도 하다.

여기서 필자는 수필문장의 표현을 돕는 수사법으로 은유법을 말하고 싶다. 원관념과 보조관념이 하나의 관념인 듯 연결시키는 이 은유법을 활용하면, 구태여 허구를 논하지 않아도 될 것 같기 때문이다. 시나 소설이 수필을 넘나들 듯 수필도 타 장르를 넘나들자는 장르 해체 얘기도 있는데, 이는 수필 쓰는 이들의 기량 부족이 아닌가 한다. 수필에도 맘만 먹으면, 각종 수사법을 동원하여 곱절의 표현 효과를 누릴 수 있기 때문이다. 특히 은유적 표현은 직설을 피할 수 있어, 정의 문학인 수필에 향기를 더할 수 있다고 본다.

또 풍자와 해학을 곁들인 수필이면 좋겠다. 남을 찌르는 풍자에도 웃기는 요소가 있고, 웃기는 해학에도 찌르는 요소가 있는 것으로 보아, 이러한 개념을 잘 살려서 수필 쓰기에 활용한다면 곱절의 효과를 볼 수 있을 것으로 여겨진다. '해학'의 사전적 풀이는, "익살스럽게 품위가 섞인 말이나 짓"이라고 되어있다. "남을 웃기기 위하여 일부러 하는 재미있고 우스운 말이나 짓"이라고 되어 있는데, 여기서 주목할 것은 "일부러"이다. 이 말은 계획된 것을 뜻한다. 분명 여기서는 적지 않은 재치와 기지가 따라야 한다. 이 밖에도 대구, 대조 등의 수사법을 잘만 활용한다면, 허구론을 들먹이지 않고도 수필의 특성을 살려나갈 수 있을 것이다.

4) 수필문학이 사회에 미치는 영향

문학은 글 쓰는 이 개인만을 위한 것이 아니다. 한 개인이 극적인 낙서 같은 것에서도 얼마든지 감화현상이 일어날 수 있다.

하물며 문학 장르 속의 수필에 있어서야 더 말할 나위가 없겠다. 수필 문학이 사회에 미치는 영향으로는 여러 가지가 있겠으나, 그중에서도 정화·교시적 영향을 예로 들어보겠다.

잘 된 수필 한편은 읽는 이의 가슴에 정화작용을 한다. 원고 매수는 몇 장 안 되지만, 독자의 심금을 울리기 때문이다. 그러한 감동은 진실의 교류에서 비롯되는 것으로, 함축적인 수필에서 더욱 느낄 수가 있다. 함축적이되 꼭 할 말은 하고 넘어가는 수필가의 인품을 독자는 잘 된 문장에서 읽어낸다. 표현되는 대상으로서의 '나'와 문필가로서의 '나'는 수필을 구성하는 두 가지 기본요소다. 이러한 요건이 잘 조화를 이루었을 때, 수필은 사회에 미치는 영향으로 정화기능을 띠는 것이다. 그것은 수필가의 눈이 사회를 향해 열려있을 때라야 가능하다.

수필가는 사회 현실을 확인하면서 민족의 얼과 언어를 지키는 불침번이나 다름없다고 생각한다. 그로써 문학하는 수필가가 되는 것이다. 오늘의 나라 형편은 시시각각으로 변해간다. 이겨내야 하는 구조조정의 틈바구니에서 경제는 고난의 길을 헤맨다. 홍역을 앓으며 곤두박질치고 엎치고 덮치는 혼미를 거듭한다. 그런 속에서 수필은 어느 정도의 몫을 해내고 있는가.

생활의 진통과 고뇌의 아픔에서 찾아낸 소재가 아니라 생활의 여유에서 얻어낸 소재의 언어유희를 수필이라는 형식으로 호도

하며 즐기는 일이 있다. 이러한 수필들이 사회에 어떠한 영향을 미칠지를 생각해보지 않을 수 없는 문제이다. 예를 들어, 선정적인 문구로 미사여구를 담아서 수필의 틀을 빌어 써냈다고 하자. 필자는 그런 작품을 읽은 사람의 반응이 두려운 것이다. 사회적 현실을 외면한 여기수필을 일러, 신변잡기요 잡사라는 말이 도는 것을 알아야 한다. 이것이 어디 한 사회에 국한되는가. 지구의 한쪽에서는 폭탄 세례가 거듭되는 등 아우성인데, 수필 쓰는 사람으로서 이러한 현상은 외면한 채 언어의 유희만을 고집한다면, 그것은 수필의 장르적 특성을 제대로 파악하지 못한 소지라 하겠다.

이 부분에 대한 장백일 교수의 목소리는 정곡에 와 박힌다. "수필은 잘사는 사람들의 생활자랑 이야기가 아니다. 가난한 자, 약한 자의 아픔으로부터 진통과 고뇌의 삶을 꿰뚫는 삶의 목소리이다. 바로 거기에 산 현실의 목소리가 있는 것이다."

그것을 독자들은 용케도 읽어낸다. 그러니 이왕이면 독자의 마음을 감화시킬 내용의 수필이면 좋겠다는 생각이 든다. 독자의 답답한 심중까지를 헤아릴 줄 아는 수필, 그래서 독자의 가슴이 우물 청소를 한 것처럼 시원해지는 기능, 이것이 바로 수필이 사회에 미치는 정화기능이라 하겠다.

교시적 영향의 예를 몇 편의 작품을 통해 더 들어보겠다. 김소운의 「가난한 날의 행복」에서는 반드시 행복이 부자에게만 있는 것이 아니라는 깨달음을 전해준다. 이 작품에서 작가는 옴니버스(omnibus) 구성으로 세 쌍의 가난한 부부이야기를 소개하고 있다. 가난 속에서도 행복이 살아 숨 쉬고 있음을 깨닫게 해, 세 쌍의 부부애에 감동을 자아내게 한다. "가난하고 어려웠던 생활에도 아침 이슬같이 반짝이는 회상이 있다."는 말은 여러 사람이 공감할만한 말이다.

김진섭의 「모송론」은 중수필로 어머니의 무한한 사랑에 대한 예찬을 하고 있다. "커 가는 아이가 사랑하는 어머니와 떨어져 자기의 길을 자기 홀로 걸어가려 할 때, 세상의 모든 어머니는 이 때 퍽이나 괴로운 시간을 체험하지 않을 수 없습니다." 하고 작가는 어머니의 사랑이 무한함을 일관되게 표현했다. 이 작품을 읽지 않고도 어머니의 사랑은 무엇에도 비유가 안 됨을 누구나 알고 있을 것이다. 그렇지만 어머니의 사랑을 소나무에 비유해 표현함으로써 무궁무진한 정을 일깨워준다.

그리고 김우현은 수필을 일컬어 인품의 글이라고 밝히며, 그 속에는 한 사회의 환경과 정신문화가 작자의 눈 너머로 알게 모르게 표출된다고 하였다. 그래서 수필이야말로 작자가 살고 있는, 또 살다가 간, 시대와 사회를 가장 선명하게 또 진솔하게 그려내고 있는 문학 장르라고 보고 있다.

이상 살펴본 바와 같이 수필은, 전통적 심상을 계승·승화시키는 동시에 각종 사회 양상까지 담아내는 글이다. "문학은 어떠한 형태로든 그 시대를 반영한다."는 말이 있듯이 진실을 바탕으로 하는 수필에서는 더욱 이것이 요구된다 하겠다. 수필은 그 시대의 사회상을 조명하는 정신문화사적인 글이다. 그래서 좋은 수필을 대하면 언제나 좋은 사람을 만난 듯이 반갑고 기쁠 뿐만 아니라, 그 글의 임자가 생활하고 있는 분위기에 빨려들어 간다. 그것은 지적 충족에서 오는 쾌락이기도 하고, 삶의 본질을 반추하는데서 맛보는 심적 정화일 수도 있다. 진실을 바탕으로 하는 수필의 이상(理想)은 바로 여기에 있다 하겠다.

III. 수필문학의 문제점과 대안

수필문학에서 요즘 가장 문제가 되는 것은 수필의 위상 문제다. 수필인 스스로가 흔들리는 수필의 위상을 바로 잡아야 한다는 목소리가 여기저기서 드높다. 각종 수필 단체에서는 세미나의 주제로 「현대 수필의 위상—이대로 만족할 것인가」 등을 다루고 있고, 각성하자는 이론도 한몫을 한다. 그런 문제는 질적 고급화보다 양적 팽창에서 비롯되는 현상이다. 이어령 교수는 「2001 한국수필가협회 세미나」에서 이점에 대해, "이제 산업화 시대는 갔기 때문"이라고 언급한 바 있다. 호황을 누리던 경기가 한풀 꺾인 만큼 사람들은 저마다 진실을 추구한다는 사실이다.

수필가이며 평론을 쓰고 있는 하길남도 「수필과 수필가, 그 허와 실」에서 수필의 질적 문제를 다음과 같이 꼬집는다. "수필을 쓰는 사람을 수필가라고 정직하게 말하고 있는데도 불구하고, 가끔 궁색한 군말을 덧붙이게 되는 것은 무슨 까닭일까."

이는 장르 그 자체보다 수필을 쓰는 사람에 대한 문제 제기를 한 것이라고 볼 수 있다. 왜냐하면 수필이라는 장르 자체는 우리나라에만 있는 것이 아니고 세계 여러 나라에 두루 있기 때문이다. 필자는 여기서, 만약 우리 문학 속에 수필 장르가 존재하지 않는다면 어떻게 되었을까를 생각해본다. 저 수많은 우리의 한문 수필은 물론 적잖이 발표된 명수필들은 어느 대열에 설 것이며, 어떻게 대접받을 것인가를 짚어보지 않을 수가 없는 까닭이다.

사실 이러한 문제들이 끊임없이 제기되는 것은, 근래에 와서 수필이라고 이름 붙여줄 만한 글이 별로 발표되지 못하고 있는 까닭이라고도 볼 수 있다. 고백적인 글이라서 쓰기가 더 어렵다는 말을 비추어 볼 때, 수필을 쓰는 사람의 태도와 그 기량과 그리고 인식에 문제가 있다는 것을 알게 된다.

그렇다면 이 문제점을 어떻게 극복해나갈 수 있을까. 그 대안으로는 수필 쓰는 사람이 수필의 장르적 특성을 알고 쓰는 일이다. 즉 수필의 본령을 잘 파악하고 그 특성을 살려서, 어떤 대상을 다루든 간에 형상화에 성공할 수 있어야 수필의 위상은 바로 설 것이다. 우리가 살고 있는 시대의 흐름도 간과할 수는 없는 일이므로, 수필의 전통성을 훼손하지 않는 한도 내에서 새로움을 추구해 나가는데 게을러서는 안될 일이다. 수필은 우리 사람들이 살아가는 삶의 본질을 다룬 이야기이다. 그렇기 때문에 사회현실을 외면하고서는 공허한 글이 되기가 쉽다.

IV. 나오는 말

이상으로 서툴게나마 수필문학의 장르적 특성에 대해 알아보았다. 수필에 대한 인식에서부터 오늘날에 이르러 재검토되는 수필문학의 문제점까지를 고찰해 보았다. 되도록 흔히 논의된, 즉 진부한 논문이 되는 걸 피하고자 나름대로 노력하였다. 무조건 전통 수필 쪽을 따르자고 목소릴 높이지도 않았고, 그렇다고 눈요기 거리에나 합당할 그런 수필을 쓰자는 쪽도 아니다. 다만, 우리 문학 속의 수필이 왜 오늘날 양적 팽창이란 반열에 올라

분분한 이론 앞에서 흔들리고 있는가를 짚어보고 싶었다. 그 과정에서 수필에 대한 인식을 돕기 위해 원로 수필가들의 이론을 차용하였고, 그간 수필을 쓰며 느낀 필자의 견해로 이번 논문을 전개하였다.

이로써 수필은 진실을 바탕으로 하는 문학이란 점을 확인했고, 수필과 에세이는 그 명칭 면에서 뚜렷이 구분 지어지는 것은 아니란 것도 알 수 있었다. 또 수필은 작자의 투철한 인생관에서 기인되는 문학임을 파악하였고, 작자의 정서적 심미적 이미지를 거쳐 나온 것이 수필이라는 점도 무시할 수 없게 되었다.

그리고 수필의 표현 방법에 있어 허구를 허용하느냐를 두고 살펴본 바, 상상과 허구를 혼동해서는 안 된다는 것을 알았다. 아울러 진실을 바탕 삼는 글이니만큼, 작자의 경험에 참신성과 개성이 맞물려 힘 있는 수필을 자아내야 할 것이다. 반짝이는 위트로 입가에 미소를 자아낼 수 있는 수필, 또는 얼음장같이 냉철한 비평 정신도 가미된다면 좋겠다. 출렁거리는 감동으로 독자의 마음을 사로잡고, 또 지성의 번뜩임으로 인생을 꿰뚫는 안목도 갖춰진다면 좋겠다. 그렇게만 된다면 장르해체 운운하는 수필문학의 위상문제는 자연적 해소될 것으로 보인다.

지금은 무엇보다도 수필문학의 장르적 특성을 살려서 질적 고급화에 유력해야할 때이다. 그리하여 수필인 스스로가 수필문학의 위상을 지켜가야 하겠다.

―「하고픈 글벗」 2001. 발표.

※참고문헌
1. 김소운,『가난한 날의 행복』, 범우사, p39 참조
2. 김수업,『배달문학의 갈래와 흐름』, 현암사, 1992
3. 김시헌,『수필을 말한다』, 수필과 비평사, 2000, p129
4. 김태길,『수필문학의 이론』, 춘추사, 1991, pp11~16
5. 윤모촌,『수필 어떻게 쓸 것인가』, 을유문화사, 1996, pp16~39
6. 장백일,『수필학』 8집, 현대수필학회, 2001, p155
7. 정봉구,『새로운 에세이작법』, 수필과 비평사, 1996, pp14~22
8. 조동일『고전문학 연구』1 집, 1971

기타 자료
1. 김준오 논문『현대수필』, 1997년 겨울호, p32
2. 하길남 논문『수필학』 8집, p160
3. 김우현 수필『수필문학의 이론』, 춘추사, p35

김홍신문학관 특강 - 2023. 12. 2.

일상과 문학(文學)

장르에 대해 구애받지 않고 글을 쓰는 제가 가장 우위에 두는 것은 대상과의 대화입니다. 그것을 통해 사람살이의 본질을 찾고, 사회상과 소통을 하며, 역사성과의 조우를 꾀합니다. 이러한 과정에서 의미가 만들어지기도 하고, 이면에 가려진 사람들의 정서와 호응하기도 하며, 지나간 역사 속의 인물들과 악수 나누기도 합니다.

이번 시간을 통해 저는 특별한 수식 없이 '일상과 문학'이란 주제로 이야기를 나눠보겠습니다. 제 수필 몇 편을 예로 들고, 그것들이 착상되어 문학으로 형상화되는 과정을 보여드리려 합니다. 예사로 지나칠 수 있는 요인들이 어떻게 문학으로 틀을 잡는가에 대해 함께 확인해 보시지요.

"여자들은 편지 줄이나 쓸 줄 알믄 되는 겨!"
호통으로 궁핍의 시기를 모면하던 아버지가 마지막 길에 "내, 너는 안다." 하셨다. 중환자실에 든 지 만 하루. 잠깐의 면회로 이별의 순간이 다가온 것을 확인했다. 순간 나는 급할 대로 급해졌다. 딸자식은 기다리지도 않았다는 듯 손사래를 치시는 아버지에 대해 야속함마저 몰려왔다. 그러나 머뭇거릴 새가 없다고 판단한 이상, 다시 가운을 챙겨 입었다. 얼마 남지 않은 시간—지금이 아니면 영영 못 나눌 이야기. 아버지 가시는 길에 편히 가실 수 있도록 해드릴 말이 있었다.

 잰걸음으로 들어서자 "왜 또 왔냐." 하신다.

 "아버지! 저 어쩌면 올해에 책 한 권 또 낼 거예요."

 "그~래. 내~라."

 시이소 소리처럼 뚝뚝 끊어지는 음폭. 어느 때 같으면 굿거리장단을 맞추듯 흥이 실렸으련만, 파르르 떨리는 몸으로 소멸의 명줄 가다듬이 분명 "안다."고 하셨다.

 청년기의 나는 치오르는 열정을 가눌 길 없을 때 스스로에게 어지간히도 부대꼈었다. 열여덟을 스무 살이라 속이고 취업한 한 산업체에서, 학업에 대한 불같은 욕구로 무수히도 시달렸다. 한번은 야학에 나가겠다고 밤길을 달려가 부모님께 호소했으나 아버지는 끝내 묵묵부답이셨다. 설혹 허락을 받았다 해도 그때의 실정으로 보아 어쩌지 못했을 것이다.

 그런데 아버지는 그때의 일들이 못내 걸리셨던 걸까. 임종을 앞둔 시각에 안다는 그 말씀을 힘주어 하셨으니 말이다.

 "아버지, 저 잘 할 거예요…."

"그래. 잘들 하고 살아라. 이제 말이지만 내 너는 안다."

아버지 눈에선 눈물이 흐르는데, 두 손을 부여잡은 나는 눈 하나 깜짝 않고 또랑또랑 말하였다. 그러고는 돌아서 나와 오열을 터트렸다.

그렇게 이별한 지 이제 2년. 지금 와 돌이켜보면, 이승과 저승의 이별 길에서 뭐 그리 알릴 것이 있다고 그랬던가 싶다. 마지막까지 나는 아버지 앞에 마냥 어린 딸이었던가 보다. 하지만 온 기(氣)를 자아 남기신 그 말씀을 가슴 깊이 새기며 산다.

세상에 인연은 허다하나 서로를 제대로 안다는 이 드물다. 엄밀히 따져보면 본인 스스로도 어떠한 사람인가 모호할 때가 있다. 시시로 일어나는 변덕 앞에 '나는 이런 사람이오.' 하고 장담하기가 어려운 까닭이다. 그런 것을 남이 나를 바로 알길 바라거나, 또 내가 남을 깊이 알길 원한다면 그건 과욕이라 말할 수 있을 것이다. 그런데도 서로의 의중을 잘 몰라서 빚어지는 오해가 빈번한 걸 보면, 서로 간에 '안다는 것'처럼 힘 있는 말은 없는 것 같다.

안다는 말은 추상적이지가 않다. 혈육간에는 가슴 뭉클한 그 무엇이 있고, 사제간에는 서로 뜻이 통한다. 스승을 제대로 아는 제자는 엇나간 행동을 피하기 마련이고, 스승은 그런 제자를 알기에 가슴에 담고 어여삐 보는 것이리라. 그리고 사랑하는 사람 간에는 그 어떤 말보다 신빙성이 있다. 지극히 평범한 것 같지만, 가슴 저 밑바닥에서부터 끌어올려지는 초자연적인 것이다.

그만큼 일상에서 흔히 쓰이는 이 '안다'는 말은, 우리네 삶을 지

댕해가는 사랑이고 믿음이다. 여기에는 화려한 수식도 따라붙지 않는다. 소박하면서도 깊은 마음결이 존재할 따름이다. 그야말로 가만히 보고 있으면 푸근함이 배어나는 사람과 사람의 관게. 그래서 나는 이 안다는 말을 소홀히 넘기지 않는다. 간혹 어린아이가 되어 그나마의 가식을 버린다.

안다는 것은 '인정(認定)'의 또 다른 말이다. 그 하나의 교류로 서로가 고리 지어져 살아간다고 해도 과언이 아니다. 어쩌면 그 위안 하나로 평생을 버틸 수도 있는 것이다.

그래서일까. 누군가가 제3자에 대해 물어올 경우 서슴없이 '아, 그 사람 내가 안다.'고 답할 수 있을 때 나는 기쁘다. 그리고 누군가가 나를 제대로 안다고 할 때 적이 위안이 된다. 폭풍과도 같이 몰아치는 삶의 결을 스스로 다독일 수 있는 힘도, '내 안다.'는 어떤 대상으로부터 비롯되는 것을….

―「안다는 것」 전문

지극히 일상적인 이야기로 시작합니다. 친정아버지의 임종을 앞두고 나눈 대화 내용이 오래도록 화두로 남아 '안다는 것'이 무얼까 하고 골몰하게 되는 것이지요. 그러면서 한 가지 답을 찾는 것이 '상대방에 대한 인정이로구나.' 합니다. 사람과 사람 사이에 기본이 되는 신뢰, 인정 그런 소박한 요건들이 평생을 살아가는 동안 힘으로 작용할 수 있겠구나 하는 것입니다. 그래서 이 글은 특별히 어려운 구성이 아닌 보편적인 서사의 방식으로 메시지를 툭 던지고 빠져나오게 됩니다. 그렇게 함으로써 독자들에게 생각거리를 남겨두는 것이지요. 모두들 쉽게 읽으셨지요?

산 고개를 두 개나 넘어 손녀딸을 학교까지 데려다주는 내 어머니는 숨이 턱에 찬다. 멀찍이 떨어져서 보면 그저 그림이다. 앞서거니 뒤서거니 하는 모습 자체로 한 편의 동화다. 초록 바바리를 입고 노랑 개나리 무덕을 지나고 분홍진달래 산길을 걸어 학교에 가는 열 살짜리 조카. 옥빛 한복을 차려입은 어머니. 그날은 나도 같이 갔다.

2005년 4월 18일, 내가 동학 '천진교(天眞敎)' 본부를 처음 방문한 날이다. 어머니와 함께 예정된 시각보다 훨씬 일찍 현지에 도착했다. 정산에서 택시를 타고 청양에 있는 본부마당까지 들어갔다. 머리가 희끗한 동산(東山) 김명기(5세종통 김진묵 선생의 장남) 씨가 반긴다. 그는 치과대학을 나왔다고 소문이 자자하던 인재로, 치과병원을 운영하며 종파에 힘을 쏟고 있다. 요즘 와서는 재단법인 인가 등으로 그의 지적능력이 본원에 큰 힘이 된다고들 입을 모은다.

천진교는 동학의 뿌리를 이어오는 종단으로서, 수운(水雲) 최제우 선생을 창시자로 하여 2세 종통 해월(海月) 최시형, 3세 종통 구암(龜菴) 김연국, 그리고 4세 종통 해심(海心) 김덕경, 5세 종통 대원(大圓) 김진묵 선생으로 맥을 이어온다. 내가 어릴 때만 해도 충청도

신도안에 본부를 두고, '사람이 곧 한울이니 사람 섬기기를 한울 섬기듯 하라.'는 핵심 진리를 펴서 많은 신도들을 아우르고 있었다. 그러다가 대단위 이동이 이루어져, 내 아버지가 터를 잡아 준공한 지금의 이곳에서 새로운 도량으로 거듭나고 있다. 우리 가게만 하더라도 외가를 포함하여 위로 3대는 대를 이어 도에 전념했다.

이젠 어른으로 군림하던 분들은 모두 세상을 떠나가고, 수련시절부터 아버지와 동고동락해 온 지암(智菴) 박병만 선생 등이 버팀목이 되어 교리를 전파하고 있다. 대원 선생이 세상을 뜬 후 몇 년째 공석으로 있는 종통의 자리를 '동산'이 잇기 위해 준비 중인 것이다. 병원 의사해서 돈 벌어다 종파에 심는 처지라고 하니, 그 뜻도 가상하다. 평범한 집안의 자제가 아니기에 짊어지고 갈 업이리라.

"선화 어딨어? 김신화."

마당을 흔드는 소리에 돌아보니 지암 선생이다. 내 책을 읽고 어느새 팬이 되신 분…. 아버지를 뵙는 듯 가슴이 울컥한다.

"아이구, 반가워요. 한번 만나보고 싶었구면."

검은 수염을 곱게 내린 그분을 아버지 장례식 때 처음 뵈었다. 종교에 따른 발인식에서 "성도사(誠道師) 낙암~"하는 율조에 내 귀가 번쩍했던 것. 사람 살아가는 게 대체 무엇이기에 주인공이 세상을 뜬 후에야 고인의 참 벗을 유족이 만난단 말인가. 이러한 예는 내 아버지와의 관계가 아니고라도 세상 살아가는 길에 허다한 것 같다. 그만큼 삶이란 것은, 주변을 돌아볼 사이 없이 바쁘다는 말을 함의하고 있는 것일 게다.

최제우 선생 기일에 맞추어, 아버지는 가신 지 3년 만에 평생 닦아 오신 도량에 위패 모셔지게 되었다. 장장 두 시간에 걸친 제사다. 지암 선생이 목청 높여 소개를 한다.

"낙암장 둘째 따님이 왔구먼유. 딸도 보통 따님이 아니유. 신도안 그 척박한 땅에서 시인이 나왔슈. 대학까지 자수성가해서 책이 두 권이나 돼유. 김선화 시인하면 다 알아유. 알아주는 시인유…."

그래. 나를 보고 시인이란다. 문단에서는 수필 쓰는 사람으로 더 잘 통하지만, 시골 어른들께는 딱 잘라 시인이다. 나는 아버지 앞에서 재롱이라도 떠는 양 제비꽃같이 또 라일락같이 생긋생긋 웃었다.

(중략)

위호(位號)만큼이나 즐겁고 심오하게 살다 가신 내 아버지. 그분의 딸 노릇을 조금은 한 것 같은 하늘 빛 푸른 봄날이다.

―「낙암(樂菴)의 딸」 일부. [*지암(智菴) 박병만 선생 감수]

이 글은 비교적 개인적 이야기가 짙은 인상이고, 종교색을 띠고 있어 어느 한쪽으로 기우뚱한 느낌이 드는 수필입니다. 하지만 동학이란 큰 역사적 요인으로 들어가 보면 그 시대의 정보전달 면에서 한몫을 한다고 볼 수 있지요. 그 부분에서는 여느 작가와 달리 직접적으로 뿌리 내린 선조들이 있는 까닭에, 펜을 쥔 손에 사명감이 더하기도 했습니다. 그런데 "책을 두 권이나 냈어

유~." 하는 인용구를 왜 내세웠을까요? 하찮게 제 자랑을 하자고 쓴 표현은 아니란 것을 짐작하시겠지요? 박토에서 어쭙잖게 글 쓰는 사람이 나왔다는 점을 반기는 어른들의 순수한 심성을 담아 전달하는 대목입니다. 지금 제가 쓴 책은 열 권이 넘잖아요. 그래도 저는 그곳에 가서 그런 티를 내지 않는답니다.

 문학은 그때그때의 상에 내 마음이 비쳐져 되돌아오는 소리를 받아 적는 행위라 생각합니다. 여러분들은 이미 그 일을 잘 하고 계시고, 저는 여러분들보다 조금 이른 나이에 그 길에 들어선 사람이란 차이가 있을 뿐입니다.

 가난한 집에 형제가 여럿인 관계로 저는 일찍 철이 들었고, 그 고독한 길에서 옹골차게 자신을 건사해온 정신이 제 문학의 기틀이 되었다고 봅니다. 부대끼는 일상 속에서 얼마나 몸부림을 쳐야 이상세계로의 관문이 열렸겠습니까. 적당선의 현실에 안주했다가는 그 다음의 향기로운 길이 아득하기만 하여 저는 스스로에게 혹독하리만치 엄격했고 치열했습니다. 그러한 저력으로 시집살이도 거뜬히 해낼 수 있었는데요. 며느리 다섯 중의 셋째로서 시어머님의 대소변을 다 받아낸 사람입니다.

 다음은 시 같은 수필 한 편과 소설 같은 단(短)수필 한 편을 보여드리겠습니다. 일상적 요인들이 처음 어떻게 다가와 대상과의 교감이 어떻게 이뤄지는지 확인하시기 바랍니다.

　겨울의 끝을 느끼러 골짝으로 들어가는 길에 산새소리 청아하다. 청량리에서 경춘선 열차를 타고 강촌역에 내려, 다시 눈길을 밟으며 들어간 산의 내부. 그 깊숙한 곳에 아파트 5층높이만큼이나 올려다 보이는 빙벽이 있었다. '구곡폭포'다. 거세게 떨어지던 물줄기가 아예 푸른빛으로 멎은 모습은 경이로움 그 자체였다. 눈 덮인 언덕에서 잠시 휴식에 든 물의 능청이라 하면 어폐가 있을까.
　그 아래로 울퉁불퉁한 빙판이 거대하다. 흐르는 물을 받아 안고 펄떡이던 증거다. 내리꽂히는 물줄기를 수용하다가 덩달아 얼어버린 저 품을 보자. 대기 속의 기운을 응고시킨 겨울의 결정체.—겨울심장이다. 갑자기 가슴이 저릿저릿해진다.
　눈을 돌려보니, 가느다란 갯버들이 얼음계곡에 허리를 묻고 서있다. 시릴 것 같으면서도 포근해 보인다. 사랑하는 사람에게 자신의 일부를 맡기고, 내부에서 무수한 언어를 나누는 연인들 같다. 그 경이로운 모습 앞에 나는 말을 잃는다. 표면을 얼린 계곡은 나무의 근본을 보듬음으로써 추운 날에도 저렇듯 버티는구나 싶다. 버들의 허리께까지를 얼싸안고 굳은 척하는 저 심장의 유희가 부럽다.
　얼음장 밑으로 흐르는 물살을 나는 안다. 그건 견고한 척하는 사람의 내면이다. 그래서 들여다볼수록 매력이 있다. 알고 보면 마음결이 여리고 한없이 따사롭다. 나는 그걸 찾아내는 데에 게을리하지 않는다. 그래서 얼음의 두께를 밀치고 솟구치는 소리를 듣는다. 그 미세한 결의 박동에 곧잘 매료당한다. 표면에 잘 나타내지 않지만 무궁한 에너지의 원천을 품고 있는 사람을 보는 것 같다. 그럴 때 내 몸의 피돌기가 걷잡을 수 없이 빨라진다.

내려올 때는 중간쯤에서 개울가로 방향을 잡았다. 양지쪽, 묵은 풀포기를 헤치며 잴잴거리는 냇물이 반짝인다. 그 투명한 물에 손을 담가본다. 짜릿한 기운이 온몸을 휘감는다. 이 결을 만나러 내가 이 먼 길을 달려온 것일까. 칼바람에 코가 얼얼한데도 15리가 넘는 내리막길이 짧기만 하다. 외려 후끈한 기운이 가슴에 일렁인다. 그 건고한 겨울심장을 내가 통째로 품어버렸나 보다.

―「겨울심장」전문. 2005년 3월 쓰다.

개 짖는 밤
―1991년 어느 날

앞뒤 야산에 진달래 만발하고/ 뒤뜰의 앵두꽃 연분홍망울 터트렸는데// 내 가슴속 감추어둔 복사꽃은/ 언제나 드러내고 활짝 웃을까// 지붕 끝 하늘위로 종달새 노래하고/ 봄이라고 울어대는 해 질 녘의 개구리 소리….

15년 전 꼭 그맘때다. 앵두꽃 망울 부풀 때. 서른두 살 새댁이 봄의 정취를 못 이겨 일기장에 적어두었던 메모 구절이 낯설다. 청상이 신파조로 적어 내려간 낙서 같은 인상이라고나 할까.

도시에서 신접살림을 차린 새댁은 세 살, 일곱 살짜리 아들을 데리고 수원 근교의 시댁으로 향한다. 전세금에 사채를 얻어 남편 사업을 밀고, 사람 노릇을 자청해 전주이씨들이 밀집해있는 시댁 문턱을 들어선다. 반면 신랑은 이삿날 바깥마당에 짐을 부려놓은 후로 열흘에 한 번인가 다녀가고 말았다. 마음이 없어서가 아니라, 빚 얻어 시작한 사업의 부담이 커서 저물도록 일을 하는 버스가 끊겨 사무실에서 쪽잠을 잔다. 그걸 모르는바 아니면서도 사랑방 귀퉁이에 깃든 새댁은 단란하던 옛일을 그리워한다. 한 달에 서너 번씩 얼굴은 보지만, 신랑의 늦은 밥상조차 어머니와 시동생이 있는 안방으로 들여야 한다. 생선살 한번 밥숟갈에 얹어줄 짬 없이 모자간의 대화에 민감해진다. 밥숟갈이 크면 "쯧쯧, 얼마나 허기졌으면 저럴까?" 하고, 밥숟갈이 작으면 "에이그, 얼마나 고되면 저리도 밥을 못 먹을까?" 하니 새댁은 점점 입이 붙어간다.

그렇게 여러 달이 가고 가을 깊은 날, 신랑으로부터 '오늘은 들어갈게' 하는 확답을 들은 새댁은 안마당과 뒤란으로 발걸음이 재다. 검둥이 똥 치는 거며, 힘든 들일에도 콧노래가 절로 나온다.

드디어 밤은 이슥한데 개 짖는 소리만이 간간 들려온다. 그 소리가 먼 곳에서 들리다가 점점 가까워져 사랑방 흙벽을 타고 흐르면, 새댁은 화들짝 일어나 귀를 세운다. 그러나 사람의 발자국 소리는 들리지 않고….

새벽녘, 문고리를 풀고 나오는 새댁을 향해 대청마루를 내려서던 어머니가 한마디 한다. "얘, 넌 애비 본 지가 얼마나 됐다고 또 오라고 했니? 어제저녁 연락 왔더구나. 차 놓쳤다고." 새댁은 어머니의 눈길을 피해, 대문간으로 종종걸음쳐 빗장을 연다.

그런데 대문밖엔 온 동네 개들이 모여 우글댄다. 숫제 검둥이는 목장집 치와와 한 덩이가 되어, 사람을 보고도 마당 바닥에서 일어날 줄을 모른다. 사태를 알아챈 어머니가 물바가지를 들고나와 발을 구른다. "어이! 어이! 어이…" 하면서도 차마 물세례는 안기지 못하는데, 몸집이 송아지만 한 수캐 한 마리가 엉덩이를 골목에 빼고 으르렁댄다.

―지금도 그 사랑채 바깥마당을 떠올리면 입가에 저절로 미소가 괸다. 그처럼 새댁을 애태운 장본인은, 다름 아닌 필자의 낭군이기에.

―2005년 4월 쓰다.

위의 두 글은 오래전에 쓴 글인데, 제가 무척 사랑하는 작품이랍니다.「겨울심장」은 얼음계곡에 허리를 묻은 갯버들이 저를 움직인 것이지요. 그것이 착상이 되어 엉뚱하게도 겨울심장을 형상화하기에 이르렀습니다.

그리고「개 짖는 밤」은 시각적인 면에서 효과적으로 보이게끔 그대로 제목을 위에 두었습니다. 부제가 달려있지요. 서사적 기법이되 함축에 함축으로 이야기가 쓱쓱 지나갑니다. 최대한 말을 줄이고 강렬하게 전달하고자 대상을 활용했는데요. 그것이 바로 '개'입니다. 묘사된 바대로 그 정황들이 그려지지 않으십니까. 더 이상 설명 없어도 되겠지요?

　예시의 글 몇 편과 저의 어눌한 괴변이 여러분들의 글쓰기에 조금이나마 도움이 되었으면 하는 마음입니다. 덧붙이고 싶은 말씀은 문장에서 크게 수식하지 말자는 이야기입니다. 주제를 향해서는 고도의 위치에서 문장의 결을 가다듬어야 하지만, 행여 의식에 멋 부리고자 하는 욕심이 들거든 그것은 1급 경계해야 합니다. 읽는 사람은 의식이 글쓴이보다 먼저 내달리기 때문에 화자가 에둘러 가는 길까지 다 알아버립니다. 그래서 하고 싶은 말이 많을수록 그 말을 참는 훈련에 들어가고, 그러한 가운데 만들어진 의미로 여운을 짙게 하자는 당부입니다.

　이상으로 저의 이야기를 마칠 시간이네요. 주제가 일상 속에서 발견하는 문학인만큼 시나 소설을 더 예로 들고 싶었는데, 여건상 수필로 마무리 짓는 점이 다소 아쉬운 감이 듭니다.

　끝으로, 비중 있다 여기는 수필 한 편을 설명 없이 보여드리겠습니다. 이 글은 '수필로 쓰는 수필론'이라 볼 수 있습니다. 그리고 이어서 궁금하신 사항에 대해 성심껏 답해드리겠습니다.

정점(頂點)

　피었다. 큰 품을 드리운 벚나무에 꽃이 만발했다. 고개를 젖혀 둘러보아도 벙글지 않은 송이가 없다. 둥실한 몸통을 찢고 나온 줄기에서도 벙싯 웃고, 아치형 너울의 가지에서도 망울들이 한껏 입을 열었다. 한데도 전혀 수선스럽지 않고 우아한 품격이 느껴진다. 그 아래를 걷는 이들이 죄다 선계(仙界)의 그림이 된다. 나도 꽃잎을 이고 서성이며 그림 속에 묻혔다가 구경꾼이 되었다가 하는데, 불현듯 뜻을 이룬 사람의 흔흔한 모습이 연상된다. 그것이 묘하게도 팽이 치는 장면과 맞물린다.

　팽이를 돌린다. 갸름한 끝점에 쇠구슬 박힌 나무팽이를 곧추세운다. 손가락 굵기의 채에 수술을 달아야 짝이 맞는데, 무턱대고 채찍질만 해대서는 팽이가 돌 리 만무하다. 몇 번 뒤뚱거리다가 나자빠지기 일쑤다. 우선 두 손에 기를 몰아 바닥에 세워야 하는데 이 과정이 녹록치 않다. 글 쓰는 사람이 온 정신을 가다듬어 서두를 시작하는 것이나 다를 바 없다.
　팽이가 막상 돌기 시작하면 몸뚱이를 채찍으로 돌려쳐야 한다. 설불리 힘만 써서는 실패하기에 십상이고, 강약의 세기를 조절하며 밑동과 몸통에 고루 반주를 넣어야 탄력을 받는다. 문장의 호흡조절과 크게 차이가 나지 않는다.
　그 작은 것을 돌리기 위해 채찍을 든 사람은 등짝이 후줄근해지고 이마에 송글송글 땀방울이 맺힌다. 온몸의 기가 팔에서 손목으로 내리달린다. 그다음 영육 간 최대의 기운이 팽이에 전이된다. 상념의 뜰에 투영되는 물상들이 걸러져 손끝을 통해 원고지에 가 닿는 이치이다. 이러한 조율이 적절했을 때, 고맙게도 팽이는 빙글빙글 원을 그린다. 구상에서 구성으로, 구성에서 문장으로, 그리고 문장을 통한 의미들이 시나브로 글을 끌고 갈 때이다.

이 맛이 쏠쏠하여 팽이 윗면의 나이테를 따라 색을 입히기도 한다. 그리고 나면 색상이 돈다. 둥그렇게 노랑, 빨강, 파랑…. 그 어우러짐이 사람의 정신세계에서 일어나는 심리적 변화로 다가온다. 무(無)에서 유(有)를 찾아 형상화시키는 작가도 이때는 비로소 자기가 그려낸 생의 무늬를 확인하게 된다. 미온 상태였다가 점차 강렬하게, 그러다가 서늘하게…. 의미의 공간들이 축을 중심으로 자리를 확보한다. 그 언저리엔 아무리 미미한 샛가지들이라 해도 얼씬할 틈이 없다.

팽이의 회전에 가속도가 붙으면 채찍을 쥔 팔의 노동은 한결 줄어든다. 손목의 힘만으로도 가능하여 쉬엄쉬엄 밑동을 건드려준다. 돌고 있는 것이 그 톤을 유지하게끔, 채찍이란 보조 장치가 있다는 정도만 알리면 된다. 그럼 그 깜찍한 것은 끄떡끄떡하며 맴돌다가 절정에 이른다. 도는 듯 멈춘 듯 제자리에서 반경이동을 하지 않는다. 알록달록한 색상들도 경계를 구분할 수 없게 된다. 채를 든 사람은 물론이고 구경꾼들조차 무아지경에 도달한다. 정점이다. 이를 두고 "동 섰다~!"고 너나없이 환호한다. 팽이치기에서 더 이상이 있을 수 없는 클라이맥스다. 채찍은 이미 무용지물이다.

　나는 이제껏, 작가란 모름지기 그만쯤의 정신적 자리에서 노니는 사람으로 보는 데 변함이 없다. 펜을 쥔 사람이 섬세한 정신운동에 의해 새로운 의미와 만날 때 진정으로 글 쓰는 맛을 누리게 된다. 다양한 색상이 입혀진 팽이가 정점을 향해 나아가며 혼합색의 조화를 이루듯, 만 가지 생각이 응집되어 커다란 의미 하나를 이루어내는 동안 고조된 기운이 한데로 몰리지 않는가. 이 기점을 흔히 신들렸다고들 한다.

　일반적인 사람들의 삶도 마찬가지이다. 추구하는 어떤 일에 있어 그만큼 열과 성을 다한 후라야 전자에서 맛보는 절정에 도달하리라. 그때까지 얼마나 거친 숨결을 가다듬어야 하겠는가. 생애 어느 과정인들 소중하지 않을까마는, 기쁨의 극점은 누구에게나 존중되어져야 할 귀한 자리이다. 인생 전반을 돌아보아도 그러한 날들이 자주 있는 것이 아닌 까닭에 한없이 박수 쳐 줘도 넘치지 않는다. 그래서 무(舞)의 경지에서 정점의 환희에 에워싸인 사람의 아름다운 미소 곁에서 경건해진다. 도는 듯 멈춘 듯 덩달아 호응하며 묵시(黙視)의 결을 읽는 것이다.

제29회 대표에세이세미나 발제원고(진천)
낭송수필의 요건과 글맛, 그리고 여운

1. 열며

지금은 영상매체 시대로 문학도 그 흐름에 호응해야 할 때라고 생각한다. 누구라도 손쉽게 동영상을 촬영할 수 있고 공유할 수 있는 게 현실인 까닭이다. 특히 스마트폰을 소유한 사람이라면 동영상 정보의 물살을 거스르기 어려울 것이라고 본다. 간단한 예를 든다면 두 발로 서서 인생의 희로애락을 천연덕스럽게 토로하는 고양이가 생겨나고, 사슴이 또각또각 발굽소리를 내며 춤추는 모습도 보여준다. 그런가 하면 장미꽃이 무한히 피어나고, 흑백사진 속의 아련한 옛이야기 한 토막도 아름다운 선율을 배경으로 하여 한 행 한 행 반추된다.

보편적인 다수의 사람들이 위와 같은 현상에 젖어들어 공감각에 익숙해져 가고 있다. 공감각(共感覺)이란 하나의 감각이 다른 영역의 감각을 불러일으키는 현상을 의미하며, 어떤 음파가 귀에 자극될 때 그 소리를 들을 뿐 아니라 색상을 느낄 수 있다는 것이다. 즉 귀에 와닿는 소리를 통해 다른 이미지가 연상 작용으로 만들어지는 것을 이른다.

이러한 추세에 가장 활발히 선을 보이는 문학적 호응이 시 낭송이다. 하지만 오래전부터 시 낭송은 있어 왔고, 시 낭송대회니 시 암송대회니 하는 이름이 붙어 낭송전문가들도 배출해내고 있다. 근래에 와서는 낭송수필도 서서히 고개 드는 것을 알 수 있다. 필자는 1996년부터 안양 주변의 시인들과 교류하며 수필낭송을 해왔지만, 전문 수필가단체에서 수필낭송이 이루어진 것은 그리 오래지 않았다.

2009년 2월 12일 잠실 롯데월드에 있는 피천득기념관에서 한국수필가협회(회장 정목일) 주최로 수필낭송회가 개최되었고, 그해 가을 같은 장소에서 한국수필작가회 주최로 수필낭송회가 열렸다. 그리고 해마다 전국 경향 각지의 수필가들이 대거 참여하는 '수필의 날' 행사(회장 지연희)에 수필낭송이 이루어지고 있으며, 대구의 한 낭송문학단체에서는 낭송용으로 5매 수필을 청해와 반가웠던 일이 있다. 이 밖의 소규모 문학모임 등에서도 종종 수필낭송 시간을 갖는 것으로 보아 적잖은 움직임을 확인하게 된다. 오랫동안 함축문학의 진수 시에 치어 쭈뼛대던 수필낭송이 수면 위로 올라서는 보기이다.

2. 낭송수필의 요건과 여운

그럼 본격적으로 낭송수필로서 적합한 몇 가지 요인을 살펴보려 한다.

1) 형식

우선 형식적으로 원고분량이 적절해야 할 터인데, 이는 무대에 올라가 관중을 지루하지 않게 마무리 지을 수 있는 시간과 닿아있다. 아무리 문학성이 뛰어나다 해도 음성으로 들려주는 시간적 제한성을 따져볼 때 장황한 서사는 제약을 받을 수밖에 없다. 우리 대표에세이문학회에서는 다행스럽게도 일찍(2002년 회장 윤주홍, 세미나 발제 정목일)부터 5매 수필을 추구해온 바, 이젠 짤막한 수필을 두려워하는 회원이 없을 정도로 상승적 위치에 올라섰다고 본다. 그래서 회원들의 수필을 취택하여 낭송하기에 무리가 없다.

그럼 이번 예문 중에서 가장 짧은 함축수필을 소개한다. 정태헌의 「여울물 소리」이다. 글에 밀도가 더하면 여운이 길게 나타나기 마련인데, 원고지 3매 반의 양으로 그 좋은 보기라 하겠다. (이 글은 책 5장의 정태헌 편에 들어 있으므로 중복을 피해 여기서는 원문을 생략함.)

2) 성격

다음으로 성격에 대해 살펴보면, 그때그때의 상황에 잘 어울리는 수필을 찾는 것도 지혜이다. 흥겨워야 할 자리에서 애수어린 가락이 흐르거나, 슬픔에 찬 자리에서 촐랑대는 음악이 울려 퍼진다면 어려움이 따르듯이 문학적 향수가 배어나는 수필에서야 말할 나위 없겠다. 어느 특정된 곳의 무대에 섰을 때 그 지역의 향토색 짙은 글을 낭송한다면 피차간에 바람직한 일이라 할 것이다. 이번 세미나가 열리는 곳은 살아서 지내기 좋은 진천 땅이니만큼 이 지역에 유래되어오는 이야기 중의 하나 「돌병거지 전설」을 소개하는 것도 썩 괜찮은 방법이며 가치 있는 일이다.

돌벙거지 전설

김윤희

신석기 청동기, 언제부터 거기 서 있었나
하수문 마을 야트막한 산자락
논둔덕 너럭바위에 터 잡은 돌벙거지

돌도 공덕 쌓으면 꽃이 피는가
돌이끼 세월에 부대낀 훈적(勳績)

하얀 버짐 돌 꽃으로 돋아 오른 염원

남근석에 널돌 얹고 비손하던 그 정성
건드리면 마을여자 바람난다 꼭꼭 여미고
벽사(辟邪), 수구막이로 깊이 뿌리박고 섰다.

엽돈 고개 넘어 진천으로 들어오는 길목에 '대문리' 표지석이 우뚝 서 있다. 동네 이장을 보고 있는 초등학교 동창생이 들려준 마을의 전설을 따라 이끌리듯 접어든 길이다.

어귀에서 잊힐 듯 말 듯 전설과 함께 뿌리 깊은 선돌 하나를 만난다. '돌벙거지'란 이름으로 오랜 세월 마을의 안녕을 지키며 애환을 함께 해온 수호석이다.

선돌은 선사시대부터 이어져오는 거석기념물(巨石記念物)의 하나로, 기념비나 묘비 또는 주술 신앙의 의미를 지닌다. 대문리 선돌 역시 학술적 고증보다는 전설로 맥을 이어오고 있다.

산자락에 내려앉은 자연 암반 위에 자리를 튼 돌벙거지는 남근 형태의 자연석을 세우고 다시 그 위에 갓 모양의 널돌을 얹어 놓은 형상이다. 동네에서는 "돌 위에 덮여 있는 갓을 벗기면 마을 여자들이 바람난다."는 속설과 함께 신성시 여겨온다.

한때 아랫마을과 윗마을 총각들이 그 갓을 벗겨보자커니, 안된다느니 옥신각신 짓궂은 다툼도 있었다고 한다. 하지만 감히 손댄 흔적은 없다. 오히려 그 옆에 또 다른 기원들이 도담도담 오르고 있다. 언제부터인가 아이 못 낳는 이가 와서 빌면 아이를 가질 수 있다하여 여인들이 남몰래 찾아들어 소원을 빌고 있다는 말도 전해온다.

어느 선돌보다도 아기자기하고, 오랜 세월의 이끼가 꽃을 피우고 있다. 아마도 가슴앓이 하는 여인네의 속내를 들어주며 그 아픔을 함께 해 온 공덕이 저리 고색창연한 돌꽃으로 돋아 오른 게 아닌가 싶다.

'갓 위에 앙증맞게 올라앉은 저 돌은 누구의 염원인가.'

지켜온 세월의 무게가 도탑게 와 닿는다.

(원고지 5매/ 대표에세이동인지『짧지만 깊은 이야기』에서 발췌)

3) 글맛 살리기

수필낭송은 개인적인 낭독이 아니다. 연극인들처럼 무대가 있어 본인을 표현하고 관중과 호응을 얻어내야 한다. 필자의 경험상으로 보면 낭송용 수필은 무엇보다도 글맛이 살아나야 한다. 위트가 있어 해학을 불러오고, 문학성이 있어 감동을 자아내고, 감미로워 향긋한 차 한 잔을 머금은 느낌이라면 더 바랄 것이 없을 것이다. 단 해학이 있되 가볍지 않아야 하고, 감동이 있되 너무 어둡지 않아야 하고, 감미롭되 소건이 얕은 음성적 전달이어서는 곤란하다고 본다. 그리고 수필에서 단어를 이루는 글자들은 되도록 끊어 낭송하지 않고 한 호흡에 이어대야 할 일이다.

그래야 전달 면에서 글맛을 제대로 살려낼 수 있을 것이다.

여기서 해학수필이되 결미부분이 의미심장한 윤주홍의 「이놈이」와 다감하게 심상(心想)을 노래하는 김금주의 「사랑은」을 소개한다.

이놈이
윤주홍

'이놈이'는 강아지 이름이다. 분양되어 오던 날부터 아내만 따라다녔다. 발에 거추장스러워서 밀치면서 부른 이름이 '이놈이'다. 부엌이나 장독대나 꽃밭에 가도 꼬리를 흔들며 성가실 정도로 따라다닌다. 멀리 시장에라도 가려면 미리 알고 앞장선다. 염려하여 발을 구르며 쫓아도 소용이 없다.

이놈이 자라면서 식구들의 차서에 대하는 태도가 여간 아니다. 어른이 외출에서 돌아오시려면 대문 밖 저만치서부터 마중을 나가고 미리 꼬리 몇 번 흔들고 점잖게 뒤를 따라온다. 하지만 아내가 마을에서 돌아오면 어느새 배웅 길이 너무 멀리 나와 꼬리가 쉴 새 없다. 아들에게는 그 차서를 구분해서 친구인 양 까불어 댄다. 개는 그 취각이 사람의 약 400배가 넘는다. 귀가 밝은 것보다 그 취각으로 사물 구별의 남다른 기능을 발휘한다. 각각 다른 물체의 특징을 냄새로 감지 구분한다. 그 기능으로 도둑을 쫓아낸다.

우리 집에 분양된 지 일 년은 족히 넘었을 초가을이었다. 이놈이 끼니때를 넘기며 온종일 보이지 않는다. 식구들이 부르며 마을을 몇 바퀴를 돌았다. 불길한 예감을 떨치지 못한 채, 험한 소문이 현실이 아니었으면, 바랄 뿐이었던 3일째 되던 밤이다. 앞마당 오동나무 잎 지는 늦가을 바람이 찬데 마루 밑에서 낑낑거리는 소리가 들려왔다. 온 식구가 마당 불을 켰다. 이놈이다. 후에 안 일이지만 어미 냄새가 그 코에서 가시지 않았는지 어미와 헤어진 지 1년 반, 약 육 킬로도 넘는 먼 길인 옛 어미 집을 찾아갔다. 주인집에서 생각지도 못한 큰 개가 어미와 그렇게 반가워 어쩔 줄을 몰라 하루 종일 뒹굴고 뛰기를 한 이틀. 꼬리치며 기뻐하더니 갑자기 사라졌단다. 그날이 집으로 되돌아온 그 가을밤이다.

사물엔 냄새가 있다. 나라에도 나름대로의 각별한 색깔과 냄새가 있다. 그 냄새를 우리만큼 잘 맞는 민족도 드물지만 개인도 각각 다른 냄새를 가지고 있다. 그 특유의 체취를 이놈이 너무 잘 아는 것이다. 그 우리 집 서열을 확인하고 그대로 대접을 하는 것이다. 어른들 신발들과 나란한데 아들 운동화로 놀잇감 삼아 놀다가 앞코를 찢은 적이 있다.

'이놈이' 아닌 이웃에게 나는 어떤 냄새를 풍기고 있을까? 향기로 장미꽃을 알아내듯 내가 풍기는 품격이 어떤 냄새일까? 홍홍 나를 맡아본다.

(6매 반/ 대표에세이동인지 『짧지만 깊은 이야기』에서 발췌)

사랑은

김금주

1.

소니아, 요시아나, 멜로디는 핑크색 장미꽃 이름들이다. 차분하고 탐스런 안개꽃에 파묻힌 핑크색 장미는 수줍은 여인의 모습이다. 은백색 신부에게 한 아름씩 안겨 주고 싶은 마음에 괜히 마음이 달뜨곤 한다. 핑크색은 따뜻하고 선정적이며 낮고 은밀한 사랑의 속삭임이다. 연분홍빛 사랑, 핑크빛 무드 모두 설익은 사랑의 표현이다.

나는 많은 꽃 중에 연분홍색 장미와 안개꽃에 쉽게 매혹 당한다. 맑은 크리스탈 병에 안개꽃과 함께 꽂은 장미는, 봄날 아지랑이 같은 나른한 행복감에 젖게 한다. 그것은 그리운 사람을 그리워하는 나만의 비밀스런 의식이며 설렘이고 지락이다.

2.

꽃병과 수반은 수용의 자세다. 요란하거나 오만하지 않은 몸짓으로 자신에게 다가오는 이웃을 사랑으로 받아들인다. 이웃의 화려함을 친구의 아름다움을 최대한 발휘할 수 있도록 자신을 낮추어 받침대 역할을 충실히 해낸다. 거기에는 욕심도 없어 진정 가질 수 있는 만큼만 그릇임을 안다. 자신의 모습을 겸허하게 낮출수록 그 자리가 빛남도 안다. 아무도 자신을 따로 보아주는 이 없지만 사랑의 조화 속에 이뤄낸 아름다움을 누구나 인정하기에 결코 초라하지 않다.

3.

러브체인. 가냘픈 줄기에 하트 모양의 잎이 앙증맞게 매달려 있다. 새순이 나올 때는 두 잎이 함께 나온다. 그래서 사랑의 화초다. 가녀린 줄기에서 솟아나오는 사랑의 힘은 위대하다. 어깨를 맞대고 밀어를 속삭이듯 다정히 나온 두 잎은 서로 마주보며 앉는다. 작고 보잘것없는 화초임에도 나란히, 함께, 둘이서라는 명제가 외롭지 않다.

무거운 흙을 박차고 나온 새잎은 이 세상이 경이롭다는 표정이다. 그들은 강한 생명력으로 척박한 조건이나 목마름에도 서로 부추기며 기다린다. 그렇듯 심한 갈증에 허덕이다 물을 흠뻑 마신 잎들은 마알간 이슬을 머금고 흡족하게 웃는다. 죽음을 박차고 일어난 서로를 신통해 한다. 그들은 달콤하고 감미로운 연인 같기도 하고 다정다감한 오누이와도 같다. 또 도란도란 의지하며 소박하게 살아가는 평범한 부부의 모습이기도 하다. 창틈으로 스미는 미세한 바람에 행복해서 나풀대는 잎은 신바람 난 아기처럼 귀엽다.

러브체인을 가만히 보면 그들은 완전한 사랑을 하고 있음을 알게 된다. 서로를 고정된 위치에서 바라보며 밀고 당긴다. 사랑의 사슬로 상대와 스스로를 옭아매며 구속한다. 어쩌면 사랑의 완성이란 절제된 거리에서 서로를 끊임없이 바라보며 그리워하는 것이 아닌지.

　사랑은 연분홍 설렘으로 온다. 그리고 관용과 수용으로 머물다가 끊임없이 서로를 구속하는 사슬인 것이다.

(7매/ 대표에세이동인지 『5매 수필의 멋과 맛』에서 발췌)

　4) 시간조절―작두 타는 무당이 되자

　12명이 1시간 동안 쉬는 시간 없이 낭송회를 한다 치고 각자에게 주어진 시간은 5분씩이다. 배경음악의 전주가 흐르고 무대에 오르내리는 시간을 빼면 정확히 낭송 시간은 3분 정도이다. 그런데 여느 단상에 오르는 것처럼 뚜벅뚜벅 걷는 것이 아니고 폼을 내며 분위기를 잡는 것이니 시간 조절을 더욱 잘해야 한다. 한 사람이 시간을 초과하면 그 여파로 끝 사람은 초조해지기 마련이다. 그럼 이 3분 동안에 얼마만큼 청중과 호응할 것인가를 연구해야 하겠다.

　시에만 강약의 세기가 있는 것이 아니고 수필문장에도 출렁출렁 운율이 따르는 것이 흔한 예이다. 장단고저의 흐름을 잘 타고 놀 때 수필 작품은 낭송자와 관중간의 빙의가 일어나 혼연일체한다고 본다. 어찌 무당만이 굿판을 벌이겠는가. 우리 수필가들도 한바탕씩 판을 벌여 질펀하게 놀 땐 놀아야 한다고 생각한다. 원고의 양이 시간과 비례하여 다소 길다 느껴지면, 낭송자가 자유자재로 고무줄처럼 늘렸다 줄였다 할 수 있어야 한다. 그래서 폭풍처럼 몰아칠 대목에서는 판소리의 자진모리처럼 몰아재껴 관중의 숨소리조차 들리지 않게 해야 한다. 반면 천천히 그러나 강력하게 관중을 끌고 들어가는 작전도 펼 줄 알면 선수라 할 것이다. 이에 큰 박수까지 이끌어 내면 그는 이미 고수이다.

다음 예문은 일상적 언어로 시작해 점층적 사유의 강한 메시지를 전달하는 수필로 정목일의 「두물머리」이다. 시기적으로 6월에 낭송할만한 글이라 여겨진다.

두물머리
정목일

언제 우리 무엇이 되어 다시 만나랴.

여기는 남양주시 조안면 능내리, 남한강과 북한강이 만나는 두물머리(합수머리)를 바라본다. 두물머리 물들은 한 번 만나기 위해 얼마나 오랫동안 그리워하며 쉼 없이 흘러서 마침내 얼싸안고 있는 것인가. 이렇게 만나기 위해 얼마나 가슴 졸이며 낮은 데로 흘러서 계곡과 들판을 지나 이곳까지 달려온 것인가.

두물머리에 와서 그리움의 포옹을 본다. 한 방울의 미립자들이 모여 강을 이루고 그 강들이 합류하여 세상을 여는 두물머리… 생명의 근원이 되는 강물이 서로 부둥켜안고 기쁨에 오열하고 있는 곳.

　이 강물들은 어디에서 흘러온 것인가. 국토를 적시며 빗방울 하나씩이 모여 내려와 개울물을 이루고 그 물들이 합해져서 더 큰 물줄기를 이루면서 쉬지 않고 달려왔다. 굽이굽이 계곡을 돌아 동강과 서강이 만나 남한강이 되고, 북한강과 합류하여 한강이 열리는 두물머리….

　드디어 한반도의 중심에 당도해 가슴을 열고 포옹함으로써 한강이 되는 광경을 눈부시게 바라본다. 누군들 그리움의 병을 앓아보지 않은 사람이 있으며, 강물이 되어 두물머리에서 만나고 싶지 않으랴.

　아, 우리 무엇이 되어 다시 만나랴. 그리움의 끝에서 강물이 달려와 포옹하는 두물머리에서, 한 번 만나지 못하고 포옹하지 못하고 사라지는 인연을 떠올려본다. 분단 반세기가 넘었지만 한 번 만나지 못하고 눈을 감아야 했던 이산가족들을 생각한다.

　두물머리에서 나도 강물이 되고 싶다. 온몸으로 국토를 적시며 낮은 데로 흘러서 분단이 아닌 통일의 강물이 되어 얼싸안을 그 날을 맞고 싶다. 우리는 만나야 하고 얼싸안아야 한다.

　　　　　　　(4매 반/ 대표에세이동인지 『짧지만 깊은 이야기』에서 발췌)

다섯 번째 의상과 동작부분에 대해 살펴보기로 한다.

5) 의상과 동작

수필 낭송하는 사람들을 보며 더러 안타까움을 느낄 때가 있다. 늘어지지 말아야 할 곳에서 너무 폼을 잡아 문장을 놓치고, 폼 좀 잡아도 될 때에는 나무토막처럼 굳어 읽기에 충실한 경우에 그러하다. 그리고 긴 글을 부분적으로 잘라 낭송하다 보니 제대로 의미전달, 즉 표현이 되지 않을 때 아쉽기 그만이었다. 그런 면에서 5매 수필을 쓰는 작가들은 다행히 짧은 원고를 택할 수 있으니 문제 하나는 해결된 셈이다.

의상 면에서는 단정하되 멋이 나면 좋겠고, 멋이 나되 난하지 않으면 좋겠다. 작품의 성격에 맞게 분위기를 연출하는 것도 도움이 될 것이다. 남성도 머플러를 두를 수 있고, 여성도 밀짚모자를 쓰거나 넥타이를 맬 수 있다면 이 또한 개성이 두드러져 시선을 끄는 데에 성공적이라고 본다.

하지만 아무리 그렇다 해도, 그 어느 의상으로도 당할 수 없는 것은 역시 작품성이다. 의미전달을 잘하기 위해서는 발음이 정확해야 하고 너무 수줍어 움츠러들어서는 안 된다. 제스처를 하되 절도 있게 조절할 수 있다면 금상첨화겠다. 울릴 때는 손수건 흠뻑 젖게 울리고, 웃길 때는 목젖이 보이도록 웃겨보자.

6) 수필 낭송할 때의 주의사항

우리는 고유의 수필을 아름답게 전달하는 것이지 연예인들처럼 쇼를 하는 것은 아니다. 그래서 낭송함으로써 빛이 더욱 나는 수필을 꾀해야겠다. 외양에 너무 신경을 쓰느라 수필의 본질을 망각해서는 안 된다는 이야기이다. 글로 보여주는 수필과 음성으로 전달하는 수필, 모두 문학인 까닭이다.

필자는 낭송수필의 순기능을 희망한다. 그래서 지면을 통해 수필을 접하는 사람이든 음성으로 전달받는 사람이든 주제 면에서 크게 좌우되지 않고 흡인작용이 이뤄지길 소망한다.

3. 닫으며

이상 살펴본 바와 같이 이젠 낭송수필이 우리 문단에서 빼놓을 수 없는 반열에 오르고 있다. 각종 수필행사가 열리는 날이면 수필 한두 편 읽지 않는 경우가 별로 없다. 영상매체 시대에 한 발 나아가는 좋은 현상이다. 그리고 지역별 잦은 무대에서도 낭송용으로 시만 통용되고 있던 고정관념이 이미 깨지고 있는 것을 확인할 수 있다. 장시 한 편 읊는 시간이면 원고지 5매 내외의 수필 한 편 충분히 전달한다. 길이 면에서 짧게 썼다고 해서 다 단(短)수필이거나 5매 수필은 아니다. 짧아도 그 안에 의미와 메시지가 녹아들어 있어야 독자나 관중들과 호응할 수 있다.

낭송수필에는 이와 같은 의미가 있고 가치가 있고 여운이 따라야 할 것이다. 필자가 예문을 먼 데서 찾지 않고 대표에세이 회원들의 작품 중에서 발췌한 것은 아전인수격의 애정이기도 하지만, 그만한 작품성이 있고 작품효용성 면에서 빠지지 않는 까닭이다. 이 중에도 혹여 목소리에 자신 있는 분이 이번 세미나를 계기로 자신의 수필을 녹취하여 널리 보급하는 방법을 연구해본다면 소기의 성과라 하겠다. 그러다 보면 보편적인 다수의 사람들이 수필을 이해하는 데 큰 도움이 되리라고 예견한다. 이것이 공감각을 향유하는 사람들 곁에 한 발 다가서는 수필 저변화의 길이라고 본다.

—『선수필』 2016. 가을호

부록
자랑스러운 나의 어머니

부록

자랑스러운 나의 어머니

평촌고 21013 이승우/ 교내 전기문쓰기 대회 입상작

　어머니의 성함은 '김선화(金善化)'이시다. 외조부님께서 착하고 조화 이루며 어질게 살라고 이름을 '선화'라고 지으셨다고 한다.
　어머니는 본관이 김해이며 1960년 음 1월 21일, 충청남도 대덕군 진잠면 남선리1구 423번지에서 김성길(金成吉) 씨와 박선비(朴善比) 씨 사이의 8남 3녀 중 2녀로 태어나셨다. 마을 이름도 아늑하여 '안터'였다. 그런데 그 지역 일대를 통틀어 '신도안'이라는 또 다른 이름이 있는데, 계룡산을 중심으로 산에 둘러쳐진 신도안은 조선시대의 태조 이성계가 도읍으로 점찍었던 곳이기도 하다. 지금의 '계룡대'가 있는 그곳은 그야말로 산 좋고 물 맑은 고장이었다. 나도 한번 가보았는데, 개울엔 지금도 다슬기가 기어 다닌다. 어머니는 이러한 곳이 고향이라는 점을 늘 자랑스럽

게 여기신다.

　외조부께서는 일찍이 동학에 뜻을 두어 많은 공부를 하셨고, 동학의 법을 주관하는 성도사(誠道師) 님으로 호는 낙암(樂庵)이시다. 즐거울 '낙'에 암자 '암'자를 쓰신 외조부님은 우리들을 항상 즐겁게 맞아주셨다. 외조모님께서는 무남독녀로 외롭게 자라셨다. 잠시 후에 소개하겠지만 어머니의 형제분들이 많은 이유가 외조부모님의 뜻이었다고 한다.
　어머니는 총 8남 3녀 중 셋째이다. 믿음직한 오빠와 언니가 한 분씩 계시고, 밑으로는 남동생 일곱에 여동생이 한 분 있다. 그 때문에 외갓집은 너무나 가난했다. 모두가 가난했던 시절이었지만 어머니의 이야기를 종종 들어보면 외갓집은 '찢어지게~'라는 표현이 딱 어울릴 정도이다. 어머니는 어린 시절, 학교를 마치고 집에 돌아오면 바로 동생들을 돌보거나 집안일을 하셨다고 한다. 소꼴(품)을 베어오거나 소 풀 뜯기는 일은 어렸던 외삼촌들의 몫이었고, 어머니는 여자여서 집안일을 하셨다.
　어머니는 가난 때문에 좋은 옷 한번 제대로 입어보지 못했다. 밀가루 자루를 빨아서 지어주는 옷을 입고 자라기도 하셨다. 하지만 학교 선생님과 대회에 나가는 날엔 예쁜 새 옷을 입었다고 하신다. 초등학교 시절 글짓기 쪽으로 뛰어난 소질을 보이던 어머니는, 학교대회는 물론 멀리 대전까지 버스를 타고 가서 대회에 참여하곤 하셨다 한다. 어머니는 학교 도서실의 책들을 거의 다 읽으셨다고 한다. 농촌에서 자란 어머니가 훗날 세상을 보는 안목이 넓어진 것도 그때 읽은 많은 책 덕분이라고 하신다.

한때 어머니는 서울에 사는 얼굴 모르는 친구와 펜팔을 하셨는데 우표 살 돈이 없어서, 한 달의 급식을 거르고 그 돈으로 우표를 사서 마지막 편지를 보냈다고 하셨다. 외할머니의 반대로 펜팔을 더 이상 할 수 없게 되자 어머니는 많이 울기도 하였다.

어머니는 그림에 소질도 보였지만, 그걸 키워갈 수가 없었다. 그림 도구가 필요한 미술 시간은 즐겁지가 않았다. 도화지는 그런대로 준비했지만 크레파스까지 갖출 수는 없는 실정이었다고 한다. 공교롭게도 동생들과 미술 시간이 겹치게 되면, 크레파스는 동생들 몫이 됐고, 쓰다 만 몽당크레파스만이 어머니 차례가 되었다.

하루는 선생님 책상에 놓인 화병을 그렸다. 그 꽃병에는 등굣길에 어머니께서 꽂아 놓은 꽃이 있었다. 그 꽃은 외가의 화단에 있던 꽃이어서 그리기에 한껏 몰두할 수 있었다. 마치 마술에 걸린 사람처럼 그려놓은 밑그림에 차근차근 색칠을 해나갔다. 줄기와 잎맥까지 그럴싸하게 표현이 되어갔다. 그러나 다음 순간, 어머니는 규체한 사람처럼 앞이 막혀버렸다. 꽃 색깔의 크레파스가 없었던 까닭이다. 상아색을 써야겠는데 동생 교실에까지 다녀온다 해도 없기는 마찬가지였다. 건너자리의 방앗간 집 딸에게 그 색이 있었지만, 한 번만 빌려 쓰자는 말을 어머니는 못하셨다. 그러는 사이 미술 시간은 끝나가고, 분단과 분단 사이를 오가는 선생님의 슬리퍼 소리만이 크게 들렸다.

마음이 다급해지자 흰색 크레용을 집어 들었다. 서둘러 꽃잎과 잎맥사이 구분을 두지 않고 거칠게 칠해나갔다. 그리고는 노란색으로 둥글리며 덧칠을 해서 아쉬운 대로 꽃잎들을 부각시켰다. 그렇게 해서 어설픈 그림을 그려놓고 한시름 놓고 있는데, 선생님으로부터 표현하고자 한 부분을 잘 그렸다는 평을 받았다. 그 후 그 그림은 교실 뒤 벽에 걸렸다.

그런 이후부터 어머니는 수시로 그림을 그려보고 싶은 때가 있었다고 하신다. 살아가면서 그려보고 싶은 것이 생길 때마다 상아색 크레파스가 꿈의 상징으로 떠올랐다 한다. 그 색깔은 가난한 어머니의 언저리를 맴돌았다. 머릿속에 어떤 상이 떠오르면 그걸 그려내야만 성이 풀린다는 어머니는 그것을 참는 과정이 더할 수 없이 힘들었다고 하신다.

어머니는 초등학교 졸업 후 중학교 진학이 어려워지자, 교복 입어보기를 소원하셨다. 초등학교를 졸업하는 날이었는데, 아침부터 추적추적 비가 내렸다. 당시 졸업생 중엔 절반가량이 상급학교를 포기하고 생활전선에 뛰어들어야만 했다. 그 대열에 끼었던 어머니는 등굣길에 새 한 마리를 만났다. 이미 날개를 늘어뜨린 채 비에 젖어있는 어린 참새 한 마리. 어머니는 그 작은 참새를 양지쪽 언덕배기에 묻어주었다. 어머니의 꿈도 참새와 함께 묻었다. 그리고는 '불쌍한 새를 장사지내줬으니, 그 새는 두고두고 어머니의 길을 지켜줄 것'이란 생각도 해보았다. 그러고 나서도 수없이 그 길을 오갔지만 학업으로 연결되는 길은 아니었다.

사춘기 시절의 어머니는 이따금씩 아까시나무가 무성한 자갈밭 귀퉁이에 서서, 등하굣길의 동갑내기 친구를 훔쳐본 일이 있었다. 아까시숲 사이로 바라본 그 친구의 모습은 걸음걸이에까지 힘이 실려 있었다고 한다. 교복치맛자락을 나풀대며 내딛는 얌전하면서도 당당해 보이던 친구의 걸음걸이는, 어머니가 처한 현실과는 너무도 동떨어진 세계였다. 그래서 어머니는 더욱 가슴앓이를 하였다. 어쩌다 어머니의 속마음을 알아차리는 사람을 만나기라도 하면, 비밀스런 것을 들켰다는 낭패감에 얼굴이 화끈 달아오르곤 하였다는 어머니…. 이 부분을 어머니는 이렇게 적고 있다.

(전략) 그 무렵에 피어나던 아까시꽃은 빳빳하게 풀 먹여 다린

여학생의 교복이었고, 또 내 안에 가무러둔 꿈의 빛깔이었다. 그 희디흰 웃옷 속에는 온갖 꿈으로 부풀던 여학생들의 세계가 있었고, 망울망울 터져 향기로운 꽃그늘 아래에는 학업에 대하여 막막해하던 내가 있었다. 어찌 보면 희망과 절망이 아까시 언덕을 사이에 두고 있었던 셈이다. 그렇듯 그 시기의 아까시꽃에는 새로운 세계를 동경하던 나의 꿈이 얹혀있었다. 녹음 속에 흐드러진 하얀 꽃잎처럼 거침없이 피어나고 싶었을 때, 고통이 배가되었다.

  그러한 속에서 군에 간 오빠를 적잖이 원망하였다. 어려서부터 내가 하는 짓을 눈여겨보던 오빠는 내 머리를 쓰다듬으며, 이다음에 여류소설가로 만들어주겠다고 했다. 그러나 오빠는 공교롭게도 내가 초등학교를 졸업하던 해에 입대를 하였다. (후략)

어머니는 둘째 외삼촌이 중학에 다닐 때 밭일을 하다말고 호밋자루를 내던지며, 어른들 탓을 하며, 몰래 울부짖었다고 한다. 차라리 고아여도…. 하고 싶은 공부를 하는 독학생들이 부러웠다고 하신다. 마침내는 현재의 나보다도 어린 17세 여름밤에 '두게역'에서 호남선 밤기차를 타고 서울로 상경하기에 이른다. 어머니가 부모님 곁에 있으면 가난을 면할 수가 없어, 동생들도 학교 진학이 어려워질 것을 어머니는 짐작하셨다. 그래서 그걸 이겨보려고 마음을 야무지게 먹었다. 이때부터 어머니의 또 다른 생활이 시작되었다.

서울은 어머니에게 희망과 설렘의 도시였다. 가난과 배움에의 단절을 면해보려고 올라와, 재봉틀 몇 대를 둔 친척집에서 옷 만드는 일을 하셨다. 그곳엔 어머니와 동갑내기인 여고생이 있었고, 그 방 책꽂이에는 문학서적들이 빼곡했다. 그러나 어머니는 그것들이 탐난다거나 읽고 싶다는 내색을 하지 않았다. 어쩌다 어머니 맘을 알아차린 그 여고생이 책을 내어주면, 곱게 읽고 돌려줄 뿐이었다. '한 송이 국화꽃을 피우기 위해…'로 시작되는 서정주님의 시도 그 무렵에 친숙해졌던 시구라 하신다. 어머니는 그 시를 외며, 고향집 뜰에 피던 자줏빛 국화를 떠올리곤 하였다. 가을의 끝에 서서 된서리가 내릴 때까지 의연하던 국화는, 세월을 참고 기다려야 하는 어머니 모습일 수도 있기 때문이었다.

시골에서 자란 어머니는 자동차 경적소리에 놀라 잠을 깼다. 재봉틀 소리에 익숙해지는 데는 상당한 시일이 걸렸다. 그러다가 갑갑할 때면 옥상에 올라 하늘을 보며 마음을 달랬다고 한다. 그래도 안 풀리면 남산의 순환도로를 걷고 또 걸으며, 가슴속에 접어두었던 꿈을 생각했다. 그러면서 도심 속에서 탁해진 마음을 걸러낼 수 있었다. 적어도 그곳에서만큼은 도시의 높은 담도 낮게 보였기에, 마음의 여유를 얻어오곤 하셨다.

18세 되던 해 봄엔, 대전에 있는 한 섬유회사에 야간 공부를 하기 위해 취직을 하였다. 그러나 20세라고 속인 것이 들통날까 봐 어머니는 그 공부마저 하실 수가 없었다. 그러던 봄날, 어머니는 읽고 싶었던 책을 몇 권 사들고 친구들과 가까운 고등학교를 찾아갔다. 그리고는 푸른 전나무 밑에서 사진을 찍었다. 누구도 말은 하지 않았지만, 자꾸만 자신들의 처지에 비애를 느낀 하루였다고 한다.

늘어진 나뭇가지 틈에서 웃음이 없는 얼굴, 오랜 세월이 지났는데도 그때의 그 사진이 어머니의 옛일을 말해준다. 어머니는 "어쩌자고 도둑고양이처럼 남의 교정에서 사진을 찍었던가." 하신다.

어머니는 그 이듬해인 19세에 다시 서울로 올라온다. 월급을 꼬박꼬박 외삼촌들의 학비로 보내면서도, 밤이면 솜으로 귀를 틀어막고 공부를 하셨다. 영어 단어를 외고 문학 서적들을 읽었다. 어느 때는 힘든 현실을 달래느라 무협지도 보따리로 싸다 읽었다고 하신다. 그러면서도 동생인 외삼촌들이 공부 잘한다는 소식에서 힘을 얻으셨다고 한다. 이 부분은 어머니의 수필집 『둥지 밖의 새』에 자세히 나와 있다.

(전략) 어려웠던 시절 우리는, 어린 티를 면치 못한 자녀들이 부모를 위해 희생한 일을 알고 있다. 나도 한때 그런 처지에 있었다.

누가 등 떠밀지 않았는데도 자연스레 둥지 밖의 새가 되어 날은 격이었다. 가슴패기 살점을 도려내는 듯한 추위 속에서, 둥지는 아련한 그리움이었다. 아직 훈김이 감도는 둥지 속 우리 가정에는 솜털을 키우는 남동생들이 있었다.

낯선 비행을 시작한 여린 새—나에게, 도시는 광활한 벌판이었다. 처음에는 서툰 날갯짓을 하다가 방향을 잃을 번한 적도 있다. 그렇게 하여 마련된 먹이 중에서 약간의 것만 남겨두고, 모두 둥지 안의 동생들에게 보내야 했다. 그러는 가운데 한 달에 한번 꼴로 찾아가는 서점 나들이만이 나 자신을 되찾는 날이기도 하였다.

나는 낯가림하는 아이처럼 길을 구분하여 다녔다. 스무 살 안팎이던 내가, 단골로 삼던 서점은 신촌 로터리에 있었다. 연희동에서 시내 쪽으로 나오려면 몇 개의 대학 교정이 가로막았다. 그렇게 책방을 가기가 쉽지 않았지만, 내 욕구의 갈증을 그냥 덮어버릴 수는 없었다. 그래서 시간이 걸리더라도 돌아서 다녔다. 나는 그렇게 찾은 서점에서 문학을 만났다.

어느 여류소설가의 소설에 주인공이 가정형편이 어려워 진학을 못하자, 쇠스랑으로 자신의 발등을 내리찍었다고 한다. 하지만 나는 고향집 뒷밭에서 싸리꽃 흐드러진 언덕배기를 향해, 호밋자루를 내던진 게 고작이었다. 그것도 행여 부모님께 들킬세라 속 입술을 깨물고….

어머니는 지금까지도 나를 두고 모질다고 하신다. 어린 나이에 부모 곁을 떠나 있으면서도 이따금 집에 다니러 와서조차 눈물을 보이지 않는다 하였다. 하지만 나는 고향에 다녀올 때마다 동구 밖 산모롱이에서 몇 차례씩 뒤돌아보곤 했다. 어머니는 저만 쯤의 거리에서, 내가 뒤를 돌아다보는지 얼굴이 젖어 있는지를 아실 리가 없었다. (후략)

 어머니는 외갓집의 가난이 어느 정도 해결된 뒤인 1984년 양 11월 20일, 25세의 나이로 결혼을 하셨다. 어머니보다 4살 위인 아버지는 본관이 전주(全州)로, 이창섭(李昌燮) 씨이시다. 어머니는 셋째 며느리로 시집온 후로도, 모든 일에 열심이었다. 그 이듬해인 1985년 양5월 30일에 나를 낳았고, 1989년 양8월 17일에 동생을 낳으셨다. 그 후 아버지의 사업으로 인해 우리 3모자는 시골 할머니 댁에서 살기도 하였다. 우리 형제에게는 가난 같은 걸 물려주지 않으려고 두 분은 매사에 알뜰하셨다.
 내가 초등학교 1학년 때에, 우리가족은 산본의 아파트를 마련해 이사를 나왔다. 이때부터 어머니의 세계가 펼쳐지기 시작했다. 문학공부와 못 다한 학업을 계속 하시어, 시험에 또 시험을 거듭한 결과 방송대학교 국어국문학과에 입학하셨다. 그 사이 각종 백일장에서 장원을 하신 어머니는, 그 해 세계유일의 나병시인인 한하운문학상에 응모하여 '제1회 한하운문학상' 수필부문 대상을 받았다. 그것으로 어머니는 한국문단에 우뚝 섰고, 수상 작품집『둥지 밖의 새』가 발간되어 세상을 향해 날개 돋친 듯 빛을 발했다. 어머니의 인터뷰기사도 신문에 여러 번 실렸다.

그러나 어머니는 거기서 만족하지 않았다. 그 이듬해 7월, 한국문인협회 기관지인 『월간문학』 신인공모에 응모하여 수필 「흔적」이 당선되었다. 그 후 한국문인협회와 한국수필가협회 등에 소속되신 어머니는 작품 활동이 왕성하여, 수차례 문제수필에 선정되어 공동 작품집을 내기도 했다. 가까이에서는 안양문인협회 등에 소속되어 여러 번 작품발표회를 가졌다.

지금은 제2수필집 『눈으로 보는 소리』가 출판사에 넘어가 있는 상태다. 9월중에 나올 예정인데, 어머니가 대학교를 졸업하고 작가로서 자리를 굳히기까지는 10년이란 세월이 걸렸다. 내가 지켜본 것이 10년이지, 그 전에 가슴에 접고 사신 날들은 내가 어찌 가늠하겠는가. 그동안 우리 형제들을 키우며 해 오신 일이 크게 느껴진다.

이 전기문을 쓰면서 어머니에 대해 그동안 몰랐던 많은 일들을 알 수 있었다. 그리고 어머니는 무척 힘들게 지금까지 해내오신 것 같다. 가난했던 집안 형편과 악조건 속에서 꿋꿋이 꿈을 가지고 지켜내셨다. 그 결과 마침내 그 꿈을 하나하나 이뤄내고 계신다. 이런 어머니가 자랑스럽다.

이색메모: 컴퓨터의 묵은 메모 창에서 제목만 보고 '내가 언제 이런 글을 썼나?' 싶어 확 지워버리려고 했다. 그러다가 파일을 열어 확인이나 하자 했는데, 이게 웬 걸! 보석이 나왔다. 현재 과학교사로 재직 중인 큰아이가 22년 전에 학교에 써낸 과제였다. 부모 중 선택해 '전기문 쓰기'이던가.
　이삭 줍듯 서둘러 교정판까지 나온 이번 책 『밤기차와 연꽃』 말미에 끼워 넣는다. 옛 숨결을 소중히 여기는 것은 나도 나이가 들었다는 증명일 수 있다. 당시 어린 자식이 제 엄마를 과하게 추켜준 점에 대해, 이제야 이렇게나마 고마움을 전한다.
　―허나, 문학성이 전달되어야 할 객관적인 책에 팔이 안으로 굽는 식의 처신이 조심스럽고 민망하긴 하다. 그래도 어렸던 자식의 정성을 귀하에 여겨 큰 용기를 내본다.

김선화 작품집

밤기차의 연꽃

2024년 10월 9일 초판 1쇄 발행

지은이 김선화 | 펴낸이 김은영 | 펴낸곳 북 나비
출판신고 2007년 11월 19일 제380-2007-00056호
주소 04992 서울시 광진구 자양로9길 32 4층(자양동)
전화 (02)903-7404, 팩스 02-6280-7442
표지 본문 사진 김선화
booknavi@hanmail.net
블로그 www.booknavi.co.kr

ⓒ 김선화 2024
ISBN 979-11-6011-137-8 03810

※ 이 책은 문화체육관광부, 한국장애인문화예술원의 후원을 받아 2024년 장애예술 활성화 지원사업의 일환으로 발간되었습니다.
※ 이 책의 저작권은 저자에게 있으며 출판권은 북나비에 있습니다.
※ 이 책의 전부 또는 일부를 이용하시려면 저작권자와 북나비의 동의를 받아야 합니다.
※ 책값은 뒤표지에 있습니다. 잘못된 책은 바꾸어 드립니다.

밤 열차엔 꿈과 낭만이 앞장선다.
두려움과 설움도 덩달아 온다.
형용키 어려운 떨림을 우르르 동반한다.

그 메시지는 분명 환희였다. 애써 눌러둔 내면의 감성을 거침없이 깨워댔다.
'피어봐. 반드시 필 거야. 꼭 그리 될 거야.' 속살거리며 무한한 응원을 보내왔다.

밤기차와 연꽃

김선화 작품집